공격적 아동을 위한

학교 폭력 치유 프로그램

공격적 아동을 위한

학교 폭력 치유 프로그램

김붕년, 구훈정, 최상철 지음

Σ 시그마프레스

가해 아동용

공격적 아동을 위한 학교 폭력 치유 프로그램

발행일 2015년 8월 27일 1쇄 발행

지은이 김붕년, 구훈정, 최상철
발행인 강학경
발행처 (주)시그마프레스
디자인 이상화
편집 문수진

등록번호 제10-2642호
주소 서울특별시 영등포구 양평로 22길 21 선유도코오롱디지털타워 A401~403호
전자우편 sigma@spress.co.kr
홈페이지 http://www.sigmapress.co.kr
전화 (02)323-4845, (02)2062-5184~8
팩스 (02)323-4197

ISBN 978-89-6866-514-1

이 도서의 국립중앙도서관 출판시도서목록(CIP)은 서지정보유통지원시스템 홈페이지
(http://seoji.nl.go.kr)와 국가자료공동목록시스템(http://www.nl.go.kr/kolisnet)에서 이용
하실 수 있습니다.(CIP제어번호 : CIP2015022474)

차례

학교 생활과 우리 아이들의 행복은 많은 연관관계를 갖고 있다. 우리 아이들은 학교 안에서 하루 생활의 반 이상을 보낸다. 해가 뜨고 잠자리에서 일어나 집에서 아침식사를 마치고 나면, 가방을 메고 학교로 간다. 그리고 급우들과 담임선생님을 만나면서 하루를 시작하게 된다. 우리 아이들은 학교에서 성장하고, 협동과 경쟁을 배우고, 사랑과 우정을 느끼고, 갈등하고, 그것을 해결하는 건설적인 방법들을 익힌다. 내가 아무리 잘났어도 친구의 도움 없이는 안 된다는 것을 느끼고, 내 욕심을 줄이고 공동의 목표를 위해 자신의 일부를 희생하는 법을 배우며 건강한 사회생활의 기초를 닦는다.

학교는 안전감 속에서 욕구를 조절할 수 있는 규칙과 규율을 배운다는 점에서는 가정에서의 훈육과 같은 역할을 해야 한다. 동시에, 능력과 욕구가 다양한 아이들이 뒤섞여 어울리면서 관계 속에서 서로를 배워 가는 사회성의 가장 중요한 토대를 확립하는 곳이다. 부모와의 애착을 통해 사랑의 기쁨과 따뜻함을 배운다면, 학교에서의 또래관계를 통해 동료애와 우정의 토대를 마련하는 것이다. 그러므로 학교는 아이들의 행복에 주요한 원천(resource)이 된다.

학교를 우리 아이들에게 스트레스의 원천이 아닌 행복의 원천으로 만들어가도록 도와주자. 학교 속 작은 사회를 통해 바른 인성을 가지고 성장한 아이들이, 더 큰 학교인 진짜 사회 속에서 자기의 꿈과 희망을 많은 사람들과 더불어 만들어가도록 도와주자. 나는 꿈꾼다. 우리 아이들에게 학교가 평생 마음속에 품고 사는 희망, 사랑, 그리고 꿈의 원천이 되기를.

학교를 그렇게 만들기 위해서는 아이들의 건강한 발달에 해악을 끼치는 부정적 요인들을 줄여 나가야 한다. 그 첫 단추가 폭력 감소이다. 폭력을 없앨 수는 없다. 우리 인간이 어른이건 아이건 부정적 감정을 표현하는 주요한 수단이므로 폭력을 뿌리 뽑아 없앨 수는 없다. 그러나 폭력이 문제 해결의 가장 쉬운 방법이라고 배우게 되면 매우 위험하다. 폭력을 쉬운 선택으로 만들게 두어서는 안 된다.

많은 경우 폭력의 이면을 들여다보면 아이들을 이해하고 도울 수 있는 열쇠가 숨겨져 있다. 아이들이 폭력적이 되는 이면에는 좌절이 도사리고 있다. 자신의 욕구가 무시되고 꺾였다고 느끼면, 더 이상 자신이 존중받고 있지 않다고 느끼면, 아이들은 좌절하고 자포자기하여 폭력을 행사하기 시작한다. 아이들은 스스로를 좋아하게 되고 발전에 대한 희망을 품고 살기를 원하지만, 어떤 이유에서건 그 희망이 사라졌다고 느끼게 되면 폭력적으로 변한다. 사실 이건 아이들만 그런 것은 아니다.

그러므로 폭력을 줄이는 근본적인 해결책은 무시된 아이들의 희망과 무너져버린 자존감을 회복시키는 것이다. 즉 아이들의 욕구와 능력을 존중하고 그 순수한 꿈을 키워주는 교실을 만들어가는 것이다.

아이들의 희망과 자존감을 돕는 주요한 접근법이 공감 증진이다. 마음속에 일어나는 감정과 불만을 이해해주는 친구와 어른의 존재를 느낄 때, 폭력 행동과 말은 상호 토론과 협동적 활동으로 전환될 수 있다. 공감력 속에 폭력 해결의 열쇠가 있는 것이다. 어릴 때부터 성장해 나가면서, 그리고 학교-가정-사회 속에 살아가면서, 모든 이들이 삶 속에서 비록 고통 받고 어려움에 봉착하더라도 그것을 극복하고 성공하고 행복을 느끼게 되는 것, 자신만의 고유한 에너지와 힘을 유지할 수 있게 하는 그 마음의 저변에는 사람들 사이의 연민과 동정, 사랑과 배려, 그리고 서로에 대한 동병상련의 마음이 깔려 있다.

바로 그 마음이 공감력이다. 우리 아이들이 그 공감과 연민의 마음을 키울 수 있도록 돕는 학교를 만들어가자.

우리가 받았던 교육이 경쟁 중심, 그것도 정말 사소한 경쟁들(수학 성적, 한문 성적, 턱걸이 개수, 줄넘기 숫자 등)로 이루어져 있지만, 사실 그 안에는 이상과 철학이 있었다. 사람과 함께 더 따뜻한 세상을 만들어가자는 그 마음 말이다. 삶의 긴 노정에서 만나는 사람들을 따뜻하게 안아줄 그런 마음 말이다.

우리 시대에서 진정한 영웅은 공감력이 잘 발달된 사람들이다. 자신과 남을 다르지 않게 느끼는 상태를 성취하려 노력하고, 마음을 투명하게 만들려고 노력하는 사람들이다.

학교 폭력에 가로막혀 아이들의 마음 성장판이 닫히기 전에 함께 노력하자.

2015년 대학로 연구실에서
김붕년

들어가는 글

학교 는 단순히 각 개인이 필요한 지식을 습득하는 곳 이상의 의미를 지니는 독립적인 사회적 구조로서 각 개인에게 중요한 심리적인 의미를 지니게 된다. 그 안에서는 지식의 습득 이외에도 동료들과의 관계 형성 및 또래집단 형성 경험을 통한 본격적인 사회화 과정이 시작되며, 학업성적에 따른 열등의식과 우월의식이 발달하고 자의식이 발생하게 된다. 또한 선생님이라는 새로운 양육자와의 관계가 형성될 뿐만 아니라 선후배 간의 위계적 교우관계 및 이성과의 관계도 이루어지게 된다(권석만, 1997). 더욱이 이 시기에는 새로운 인간관계뿐만 아니라 Erickson(1950)이 지적하였듯이 이 사회의 구성원으로서 넓은 문화의 유용한 기술과 도구를 학습하게 되며, 새로운 사회적 갈등과 요구 속에서 새로운 자아정체감을 확립하게 되는 심리적인 의미를 가지게 된다.

이 시기의 발달과업을 해결하는 것은 단순히 소아-청소년기의 문제에 그치는 것이 아니라 이후 성인으로서의 인성에 중요한 영향을 미치게 된다. 하지만 현재 국내의 학교 상황이 위와 같은 발달과업을 효과적으로 수행할 수 있거나 혹은 건강하고 활기 있는 대인관계를 형성하는 데 적절한지에 대해서는 쉽게 대답할 수 없는 상태이다. 최근 학교 폭력이 심각한 사회문제로 대두되고 있으며, 각종 언론 등에 발표된 조사 결과에서도 학교 폭력이 감소하거나 개선되기보다는 오히려 저연령화, 집단화, 난폭화되어 가면서 더욱 심화되고 있음을 알 수 있다. 이러한 상황에서 현재 나타나고 있는 문제들을 막연한 긍정적인 시각과 일시적인 대책들만을 가지고 대처하면서 우리의 아동 및 청소년들이 적절한 발달과업 및 심리적인 성숙을 이룰 것이라 기대하는 것은 비현실적일 것이다. 따라서 학교 폭력의 문제는 단순히 사회적인 폭력 이상의 의미를 가진 것으로서, 다음 세대를 책임질 사회의 기본적인 인적자원에 대한 투자와 교육의 일환으로 생각하고 대응해야 할 것이다.

학교 폭력 문제는 주로 청소년기 이후에 발생한다는 사회적 인식이 팽배하였으나, 최근 5년 사이에 실시된 교내 실제 상황에 대한 초·중·고등학교의 설문조사 및 면접조사 결과를 보면 놀랍게도 초등학교에서의 폭력 발생 비율이 중·고등학교보다 높으며, 그 정도가 날로 심각해지고 있음을 보여주고 있다. 이에 구체적인 초등학생용 프로그램의 구성이 절실하게 필요하게 되었으며 서울대학교병원 및 의과대학 소아정신과 연구팀은 초등학생 가해 및 피해 아동을 위해 이 프로그램을 개발·보급하게 되었다. 이 프로그램의 구체적인 내용에 들어가기 전에 그 배경이 되는 내용에 대해서 기술하고자 한다.

1. 초등학교 학교 폭력의 발생 현황

2011년 12월 발생한 대구 중학생 자살 사건은 학교 폭력의 심각성을 극명하게 알려주는 사례이다. 이 사건을 계기로 학교 폭력 문제는 사회의 경종을 울리게 되었고, 이후 교육과학기술부에서는 지난 1~2월에 걸쳐 초·중·고등학교의 학교 폭력 실태 전수조사를 실시하였고, 그 중간 결과가 지난 3월에 발표되었다. 조사 결과 초등학교의 학교 폭력 피해 응답률은 15.2%로 중학교와 고등학교에 비해 가장 높은 것으로 조사되었다(표 1 참조).

[표 1] 학교급별 학교 폭력 피해 응답률(교사용 자료 인용, 2015)

구분	학생 수	피해 응답 수	피해 응답률(%)
총계	1,396,556	171,637	12.3
초등학교	607,552	92,212	15.2
중학교	422,494	55,568	13.4
고등학교	342,443	19,697	5.7

출처 : 교육과학기술부·한국교육개발원(2012). '2012년 학교폭력 실태 전수조사 중간발표' 보도자료.

[표 2] 학교급별 피해 유형

구분	말로 하는 협박이나 욕설	인터넷 채팅, 이메일, 휴대 전화로 하는 욕설과 비방	집단 따돌림	돈, 또는 물건을 빼앗김	손, 발 또는 도구로 맞거나 특정한 장소 안에 감힘	강제 심부름과 같은 괴롭힘	성적인 부끄러움을 갖게 하는 말과 행동 또는 강제로 몸을 만지는 행위
초등학교	40.0	15.4	14.7	10.3	10.4	5.1	4.1
중학교	34.8	11.0	11.5	17.5	10.7	8.8	5.7
고등학교	37.5	11.7	11.1	10.7	10.1	10.0	8.9
모름/무응답	33.8	11.8	13.2	13.9	11.2	9.2	6.9
평균	37.9	13.3	13.3	12.8	10.4	7.1	5.2

출처 : 교육과학기술부·한국교육개발원(2012). '2012년 학교폭력 실태 전수조사 중간발표' 보도자료.
참고 : 복수응답 가능.

초등학생의 학교 폭력 피해 유형을 살펴보면, 말로 하는 협박과 욕설 및 인터넷, 휴대전화를 이용한 욕설과 비방 등 언어 폭력(55.4%)과 집단 따돌림(14.7%)이 전체 응답 유형 가운데 65.4%를 차지하고 있음을 알 수 있다(표 2 참조). 즉, 즉흥적이고 반응적으로 폭력에 가담하기보다 놀림이나 집단 따돌림과 같이 의도적이면서 동시에 간접적인 방식으로 학교 폭력이 이루어지고 있는 것이다. 따라서 언어적 폭력과 집단 따돌림에 대한 보다 적극적인 대응이 필요한 것으로 나타났다(교육과학기술부 · 한국교육개발원, 2012).

2. 초등학교 학교 폭력 특성

최근 학교 폭력은 집단화 · 일상화되고 있으며, 은밀한 방법으로 진행되고 있다. 학교 폭력은 2명 이상의 가해자에 의해 피해를 당하는 경우가 많으며, 이러한 집단화 경향은 여학생이 86.2%로 남학생의 62.9%보다 높은 것으로 나타났다(청소년폭력예방재단, 2010). 또한 교육과학기술부의 2012년 학교 폭력 실태 전수조사 중간발표에 의하면, 초등학생은 폭력과 장난을 구별하지 못하여 기절놀이, 수술놀이, 노예놀이 등과 같이 일종의 놀이로 또래를 괴롭히는 것으로 나타났다(교육과학기술부, 2012).

더구나 이러한 학교 폭력은 담임교사가 부재한 상황에서 은밀하게 행해지는 경우가 많다. 직접적인 가해 행동은 피해의 정도가 외부에 쉽게 노출되지만, 지능적으로 행해지는 간접적 가해 행동은 피해의 심각성이 드러나기 쉽지 않다. 연구에 의하면, 일반적으로 남아에게는 직접적으로 폭력을 사용하는 외현적 가해 행동이 두드러지며, 여아에게는 소외, 배제, 거짓 소문내기 등의 관계적 가해 행동이 높은 것으로 알려졌다(심희옥, 2003; 이은정, 2003; 이은주, 2001). 그러나 심희옥(2007)의 종단연구에서는 초등학교 중후반(4~6학년)의 남녀 모두 아동에게서 관계적 공격성이 두드러지는 것으로 나타났다(굿네이버스 예방교육 지침서, 2015).

이 연구를 위하여 검토한 자료들 중에서 가장 구체적으로 집단 따돌림의 피해 유형을 조사한 가우디(1999)의 조사 결과에서 보면, 서울 지역의 52개 중 · 고등학교 학생들을 대상으로 한 조사에서 소외형 따돌림, 욕이나 협박형 따돌림, 조롱형 따돌림, 장난형 따돌림, 강제형 따돌림 등의 형태를 보이고 있는 것으로 나타났다. 첫째, 소외형 따돌림은 적극적으로 무시를 하거나 혹은 대화나 활동에서 제외하는 것으로서 전체 표본의 19%가 지난 1년간 이 유형의 집단 따돌림을 경험하였다. 둘째, 욕 · 협박형 따돌림은 상스러운 욕이나 혹은 수치감이나 모욕감을 주는 내용의 언어적인 폭력을 말하는 것으로서 전체 표본의 31%가 경험했다고 보고되었다. 셋째,

조롱형 따돌림은 신체적인 조건이나 혹은 성격 및 집안형편과 관련해 놀리고 조롱하는 유형으로서 전체 표본의 11% 정도가 경험하였다. 넷째, 장난형 따돌림은 심한 장난이나 발로 차기 등과 같은 물리적인 폭력 및 신체적인 가해와 더불어 옷이나 가방 등을 훼손하는 경제적인 피해를 포함하는 것으로서 전체 표본의 약 19% 정도가 경험하였던 것으로 보고되었다. 다섯째는 강제형 따돌림으로서 심부름이나 숙제, 혹은 준비물, 도시락 등을 빼앗기거나 혹은 자신의 의사와는 반하게 만드는 강제적인 행위를 포함하는 것으로서 전체 표본 중 8% 정도가 경험하였던 것으로 보고되었다.

이러한 집단 따돌림의 유형들을 볼 때 언어적 및 신체적인 폭력을 포함하여 상당한 경제적인 손실까지도 초래하는 결과를 보이고 있는 상태로서, 집단 따돌림이라는 것이 단순히 심리적인 위해를 가하는 것 이상의 전반적인 신체 및 심리적 기능을 대상으로 하여 이루어지고 있음을 알 수 있다.

이처럼 초등학교 학교 폭력이 다양한 방법으로 일상화에 기여하는 가장 강력한 요인은 '또래 동조성'이다. 이 시기는 대인관계에서 또래관계가 중요하여 또래에 대한 의존이 높아지기 때문에 또래 동조성이 증가하는 것이다. 즉 이 시기의 발달적 특성인 또래 동조성이 학교 폭력 현상을 유지하거나 강화하는 데 부정적 역할을 하는 것이다.

이와 같은 동조 경향은 발달단계에 따라 다르게 나타난다. 연령이 증가할수록 또래집단의 사회적 압력이 증가하기 때문에, 또래 동조성은 아동 중기부터 청소년기까지 증가하다가 청소년 후기에 줄어든다. 고등학생 때는 자신의 고유한 개성을 찾으려 하므로 또래에 대한 의존 경향은 감소한다고 했다(오경희, 1990에서 재인용). 따라서 초등학교 고학년을 대상으로 하는 학교 폭력 예방 교육에는 집단 따돌림 현상을 가속화하는 또래 동조성에 대한 적극적인 개입이 필요하다. 즉 학급 단위로 접근하여 집단의 압력을 무력화하는 또래 동조성의 보호 요인을 찾는 것이 중요하다.

3. 학교 폭력 가해자-피해자의 심리적 특성

또래들로부터 따돌림이나 폭력을 당한 피해자들이 일반적으로 갖고 있는 심리적 특성들을 살펴보면, 자기방어 능력이 떨어지고 유머가 없으며, 자신감과 자존감이 낮고, 비효율적으로 자기주장을 하거나 순종적이고, 자신의 소유물을 쉽게 포기하는 특성을 가지고 있다(Egan & Perry, 1998; Graham et al., 1998; Hodges et al., 1999; Hodges et al., 1997). 이러한 성격적 특성들은 가해자들이 확실한 가해의 보상을 얻을 수 있게 해준다. 즉 울음, 복종 같은 피해자의 행위가 가해 행동을 강화하게 된다. 한편, 일부 도발적인 피해자들은 외면화된 행동장애를 갖고 있는데, 이들의 공격적이거나 파괴적인 행동은 가해자를 흥분시키거나 화나게 하여 폭력 행동을 유발하게 된다(Perry et al., 1988).

따돌림을 포함한 학교 폭력을 좀 더 체계적으로 접근한 외국의 연구 결과들을 참고하면, 많은 연구들이 피해자들의 특성을 밝히려는 시도에 집중되어 있음을 알 수 있다. 이는 동일한 아동이나 청소년들이 상황이 바뀌어도 일관되게 피해자가 되는 경향이 있기 때문이다(Egan & Perry, 1998; Hodges et al., 1999). 집단에서 거부되거나 무시되는 아동들의 특성을 Shaffer(1994)는 다음의 몇 가지로 요약하고 있다. 첫째, 권위주의적이고 강압적으로 자녀들의 행동을 통제하려는 부모를 가진 경우가 있다. 이런 부모의 자녀들은 비협조적이고 공격적이며 파괴적인 행동을 발달시키게 된다고 한다. 둘째, 다른 형제들과 협조하고 타협하는 방법을 경험해본 동생들보다는 맏이가 비 인기아가 될 가능성이 높다는 것이다. 셋째, 역할수용능력이나 성적이 낮은 경우와 같이 인지적 능력이 발달하지 못한 아동들은 또래로부터 거부되거나 무시될 가능성이 높다고 한다. 이와 같은 특성들은 모두 아동 및 청소년들의 부적응적인 행동과 관련이 있기 때문에, 연구자들은 피해자들의 내면화된(internalizing) 그리고 외면화된(externalizing) 행동장애를 피해와 관련된 주요 요인으로 간주하고 있다(김붕년 2002; 김붕년 등 2005). 피해자들의 일부는 불안하거나 우울하고 철회적인 성향이 또래에 비해서 높기 때문에 학교 폭력의 대상이 되기도 하지만, 다른 한편으로 파괴적이거나 공격적이고, 정직하지 못하거나 빈번히 다툼을 유발하는 등의 특성을 보이는 경우도 있다. 피해자 중에서 후자와 같이 외면화된 문제 행동을 보이는 경우는 도발적인 피해자(provocative victim)로 분류되기도 한다(Hodges et al., 1999). 그밖에 이름이 독특하거나, 체형이 빈약하고 비만이어서 또래로부터 거부되는 경우도 있다(Shaffer, 1994).

물론 내면화된 그리고 외면화된 행동장애가 피해를 당한 결과일 가능성도 배제할 수 없다. 이와 같은 행동장애가 원인인지 또는 결과인지를 밝히려는 시도가 있었다(Hodges et al., 1999; Kochenderfer & Ladd, 1996; Schwartz et al., 1993). Schwartz와 동료들(1993)은 6~8세 사이의 흑인 소년 6명으로 구성된 30개의 놀이집단을 구성하고 45분간 지속되는 놀이 과정을 5일 동안 관찰하였다. 이들은 처음에는 서로 모르는 관계였으나, 놀이가 지속되면서 상습적으로 피해를 당하는 아동들이 나타났다. 상습적인 피해자들은 자기주장능력이 떨어지는 아동들로 놀이와 대화를 자발적으로 시작하지 못하고 동료들의 의견에 순종적으로 따르기만 하는 경향을 보였다. 한편, Hodges와 동료들(1999)은 초등학교 아동들을 1년간 종단적으로 연구하여 피해자들의 행동장애는 원인일 수도 있지만 결과일 수도 있음을 밝혀내었다. 내면화된 그리고 외면화된 행동장애가 높은 아동들은 1년 후 동료들로부터 더 많은 놀림과 언어적·신체적 폭력을 당했지만, 동시에 그러한 피해를 당한 아동들은 1년 후의 검사에서 행동장애도 증가하였다. 이상의 결과는 행동적 장애가 학교 폭력의 피해자가 되게 할 뿐 아니라, 피해자가 되면 행동적 장애가 증가하는 순환적인 관계가 있음을 알려준다.

가해 학생 혹은 따돌리는 학생들의 특성에 대한 연구도 이루어져 왔다. 김용태(1997)의 조사 연구에서 보면, 자기 힘을 과시하고 싶은 아이들, 질투심이 많은 아이들, 싸움을 잘하는 아이들인 것으로 나타나고 있으며, 성별에 따라서는 남학생은 싸움을 잘하는 아이들이, 그리고 여학생의 경우에는 질투심이 많은 아이들이 우세하게 나타났다. 특히 Olweus(1987)는 또래를 괴롭히는 아이들의 경우 공감능력의 결핍을 강조하는데, 즉 타인의 결함이나 어려움, 고통에 대해서 무감각한 아이들임을 지적한다. 이러한 Olweus의 지적은 피해 학생은 물론 가해 학생에 대한 정신병리학적 접근의 필요성을 부각시키는 것이라 볼 수 있다.

4. 학교 폭력의 영향

1) 피해자

학교 폭력 피해자들은 학업성취, 학교부적응, 우울, 불안, 낮은 자아존중감 등 다양한 심리사회적 문제를 경험한다(문혜신, 2001; 이상주, 2003; 이춘재·곽금주, 2000; Slee, 1995; Woods & Wolke, 2004).

피해 경험은 6개월에서 5년 이상 지속되며, 피해자의 심리적 고통 역시 장기간 지속된다(최미경, 2000; Coie & Dodge, 1983; Olweus, 1993). 심지어 학교 폭력 피해자들은 자살충동을 느끼거나 실제 자살로 이어질 가능성이 높은 것으로 나타났다(청소년폭력예방재단, 2011).

2) 가해자

가해자의 경우, 집단 따돌림 가해자는 범죄, 알코올 남용 등 반사회적 행동 문제에 연루될 가능성이 높다(권준모, 1999). Olweus(1995)는 초등학교와 중학교 시기에 집단 따돌림 가해자를 종단 조사한 결과, 이들이 24세가 될 때까지 전과자가 될 확률이 높아진다고 보고하였다. 또한 영국의 13~15세 학생을 대상으로 집단 따돌림 가해자와 음주동기, 음주횟수 및 음주량 등 알코올 관련 문제 행동과 관련이 있는 것으로 나타났다(Topper, et al., 2011). 이처럼 학교 폭력의 영향은 피해자와 가해자 모두 발달상 부정적 결과를 초래한다.

5. 이 책의 특성 및 활용법

이 프로그램은 총 14회기로 구성되어 있다. 각 회기 소요 시간은 2시간이므로 프로그램을 마무리하는 데 총 28시간이 소요된다. 저자들은 프로그램을 최대한 모듈화하여 구성하였다. 이 프로그램은 각각의 회기별로 독립적인 주제를 가지고 있어 필요에 따라 조정하여 진행하기에 용이하다. 예를 들어 공감능력에는 큰 문제가 없으나 갈등 대처 능력의 부족으로 인해 폭력적인 행동을 반복하는 아이들 그룹이 있다면, '자기통제 및 문제 해결', '의사소통훈련' 회기를 늘려 배치할 수 있다. 반면 공감능력에 문제가 있는 아이들이라면 해당 회기를 강화할 수 있을 것이다.

마지막으로 이 책이 나오기까지 함께 노력해준 공저자 두 분께도 감사의 말씀을 전하고 싶다. 구훈정 선생님은 출산과 육아로 바쁘신 시간에도 귀중한 시간을 흔쾌히 내주셨고 많은 아이디어를 저술과정에서 공유해주셨다. 최상철 선생님은 개원의로서 활동하시면서도 꾸준히 학교 폭력 가해-피해 아이들의 치유에 관심을 갖고 물심양면으로 지원을 아끼지 않으셨다. 다시 한 번 고개 숙여 두 분께 감사의 말씀을 전한다.

가해 아동용
프로그램

가해 아동용 프로그램의 구성

구분	회기	제목	주제 및 목표
도입	도입	안녕하세요!	• 프로그램 참여 목적 및 필요성 인식 • 프로그램의 규칙 인식하기
문제 인식	1	이것도 폭력!	• 폭력의 개념과 범위 이해하기
	2	일그러진 미래	• 폭력으로 인한 파장효과 이해하기 • 폭력으로 인해 내가 겪게 될 결과 예측하기
대처 기술 습득 준비	3	열린 마음	• 피해자 입장에 대하여 공감하고 이해하기
	4	열린 생각	• 피해자의 입장을 다각적으로 조망하여 이해하기
대처 기술 습득 1	5	분노 다스리기 I	• 부정적 감정 조절의 필요성 인식하기 • 부정적 감정을 다스리는 방법 익히기
	6	분노 다스리기 II	• 분노 상황 이면에 숨겨진 나의 욕구 이해하기 • 마법의 self-talk 익히기
	7	분노 다스리기 III	• 분노를 촉발하는 비합리적 사고 찾기 • 분노 조절 역할연습 하기
대처 기술 습득 2	8	내가 원하는 것은	• 비폭력적 의사소통 방법 습득하기
	9	귀를 기울이면	• 공감적 경청 기술 연습하기
문제 해결 기술 습득	10	평화적인 문제 해결	• 문제 해결의 원칙 이해하기
	11	거절하기와 수용하기	• 부정적 결과 수용하기 • 부당한 요구 거절하기 • 민감한 주제 피하기
	12	내가 도와줄게!	• 중재 역할의 개념 이해하기
정리	종결	이제 달라졌어요!	• 대처 기술 유지 및 정리하기 • 개인목표 달성 확인 및 칭찬 나누기

안녕하세요!

목표

- 친구들과 친밀감을 형성한다.
- 프로그램을 통해 얻고자 하는 것, 변화하고자 하는 모습을 알아보고 개인 목표를 정한다.
- 집단 활동에 필요한 규칙을 스스로 생각해본다.

준비물

- 활동지 : 내가 누구일까요?
- 활동지 : 규칙과 바람
- 활동지 : 개인 규칙판
- 활동지 : 과거, 현재, 미래의 나
- 활동지 : 서약서
- 활동지 : 스티커판

도입

① 학생들과 인사를 나눈다.

"반가워요, 여러분~ 안녕하세요! (인사를 나눈다) 자, 오늘부터 여러분과 우리는 일주일에 한 번씩 같은 시간에 만나게 될 거예요. 앞으로 총 ○○번을 만나게 될 건데, ○○번의 만남 동안 서로의 이야기도 듣고 자신의 이야기도 하게 될 거예요."

② 친밀감 형성을 위한 게임을 제안한다.

"우리는 앞으로 ○○달 동안 한 가족처럼 지내게 될 거예요. 서로에게 힘이 되어 지지해 주기도 하면서 친하게 지내는 것이 중요해요. 옆에 있는 친구들의 얼굴을 한번 보세요.

아직은 어색하지요. 하지만 시간이 지나면서 익숙해지고 더욱 친해질 거예요. 오늘은 첫 시간이니까 앞으로 같이 지내게 될 친구들의 이름을 외워보는 시간을 가져볼까요? 그냥 외우는 것도 좋지만 게임을 통해서 재미있게 외워볼까요?"

내용

1. 친밀감 형성하기

◔ **이름 외우기 게임** : 이 게임은 모든 사람의 이름을 외우고 알리는 것이 목적이다. 다른 사람의 이름을 알고 다른 사람에게 자신의 이름을 알림으로써 집단의 일원이 되었다는 소속감을 가질 수 있다.

① 돌아가면서 자신의 이름을 말하고 간단하게 자기소개를 하도록 한다.

"자, 들어올 때 받은 이름표를 붙여보세요. 다른 친구들이 잘 볼 수 있게 가슴에 붙여주세요. 그리고 자신의 이름을 말하고 간단하게 자기소개도 한번 해보세요."

② 처음에는 이름표를 붙이고 시작하다가 나중에는 이름표를 떼고 게임을 진행하게 될 것이다. 원으로 둘러앉은 뒤에 튀기거나 굴러가지 않는 물건, 이를테면 인형이나 천으로 만든 공을 다른 사람에게 던진다. 단, 던질 때에는 던지는 사람의 이름을 말한 뒤 공을 받을 사람의 이름을 말해야 한다.

③ 계속해서 공을 던지면서 친구들의 이름을 부르도록 한다. 전체 아동의 이름이 다 불릴 수 있을 때까지 게임을 진행한다. 진행자는 끝까지 이름이 불리지 않는 사람이 있을 경우 혹시 집단에서 무시되거나 따돌림을 받는 아동은 아닌지 주의 깊게 살펴보아야 한다.

④ 속도를 높이거나 목소리를 크게 하면 더 재미있다.

◔ **인간 빙고 게임** : 서로에게 다가가고 서로를 알아갈 수 있는 게임으로 프로그램에 참여한 집단원에 대한 관심과 친밀감을 높여준다.

① 인간 빙고 게임의 취지에 대해서 간단하게 설명한다.

"자, 게임을 해볼게요. 이 게임이 끝나고 나면 앞으로 같이 지내게 될 친구들의 이름뿐만 아니라 특징들에 대해서도 잘 알 수 있게 될 거예요."

② 〈활동지 : 내가 누구일까요?〉를 복사한 뒤 아이들에게 모두 한 장씩 나누어준다. '시작!'이라는 소리와 함께 각 칸에 적힌 특징을 가지고 있는 주인공을 찾아 이름을 밑의 빈칸에 적어간다. 전원이 방 안을 돌아다니면서 주인공을 찾는다. '당신은 ~입니까?'라는 식으로 질문을 하면 질문을 받은 사람은 '예' 혹은 '아니요'라고만 대답한다. 시간은 10분 정도로 제한한다.

③ 정해진 시간 안에 활동지의 칸을 순서대로 가장 많이 채운 사람이 승리하며 스티커를 부여한다.

④ 승리한 사람의 빙고 카드의 첫 번째 칸에 채워진 사람부터 순서대로 나와서 자신의 종이에 누구의 이름이 가장 많이 적혀 있는지 발표해보도록 한다. 나머지 사람들도 각자의 종이에 적혀 있는 내용을 발표해보도록 한다. 게임을 하고 난 뒤 각자 누가 서로 닮은 점이 가장 많은지 찾아보도록 한다.

⑤ 활동지의 몇몇 질문을 뽑아 그 칸에 해당하는 아동의 이름을 모두 적어보도록 한다. 어떤 칸에는 참여자의 이름이 모두 적힐 수도 있고 한두 사람만 적힐 수도 있다. 같은 칸에 동시에 적힌 집단원들이 공통점을 가지고 있다는 점을 부각시키면서 자연스럽게 서로에 대한 친밀감을 느낄 수 있도록 한다.

⑥ 친구들과 공통점을 가지고 있다는 것을 알게 된 후 느낌이 어떠한지 이야기를 나누어보면서 서로 친밀감을 느낄 수 있도록 이끌어줄 수 있다.

2. 규칙 정하기

① 규칙의 필요성에 대하여 이야기한다.

"그런데, 우리는 이제 새로운 배에 탄 가족으로 앞으로 여러 가지를 배워나가게 될 거예요. 그러므로 여기 같이 모인 사람들끼리 서로 잘 지내고 이런 활동을 재미있게 하기 위해서는 서로서로 지켜야 할 것들이 있어요."

② 아동들에게 안전하고 서로 도움을 줄 수 있는 환경을 만들기 위해서 필요한 규칙이 무엇이 있을지 규칙을 아동들이 스스로 생각해서 정해보도록 한다.

"여러 사람이 함께 생활하기 위해서는 항상 규칙이 필요하듯 우리 집단에서도 반드시 지켜야 할 규칙은 어떤 것들이 있을까요?"

③ 아동들을 네 집단으로 나누고 각 집단별로 〈활동지 : 규칙과 바람〉을 나누어준다.

④ 아동들에게 카드에 적힌 질문을 보고 질문에 맞는 적절하고 유용한 규칙을 생각해보도록 한다. 각 집단이 해결해야 할 질문은 다음과 같다.

- 서로 다치지 않고 안전을 유지하기 위해 필요한 규칙은 무엇일까?
- 우리 모두 한 팀이라고 느낄 수 있기 위해 어떤 규칙이 필요할까?
- 집단 활동을 방해하는 행동은 어떤 것일까?
- 과제를 잘하기 위해서 필요한 규칙은 무엇일까?

⑤ 어느 정도 시간이 지나면 집단원 중 대표로 한 사람이 나와 결과를 발표하도록 한다. 다른 집단원들로부터 평을 듣고 추가로 필요한 사항은 없는지 알아보도록 한다. 이를 이끌어내기 위해 다음의 질문을 활용할 수 있다.

- 누구와 함께 짝이 되어 활동을 같이한다고 할 때 우리는 상대방이 어떻게 해주기를 기대할까?
- 집단 활동을 방해하는 행동은 어떤 것일까?
- 어떤 말이나 행동을 하면 서로 잘 협동할 수 있을까?
- 상대방의 기분을 나쁘게 하거나 규칙을 깰 경우 상황을 바로잡기 위해서는 어떻게 해야 할까?

⑥ 전체 활동을 통하여 각 집단에서 나온 규칙이나 제안들을 다듬어 간단하고 명료한 언어로 대체하여 일곱 가지 정도로 정리하며 이를 칠판에 적어둔다.

"자, 여러분들이 스스로 '이것만은 꼭 지켜야 한다'고 정해준 규칙들이에요. 한번 큰 소리로 읽어볼까요? (아동들이 큰 소리로 함께 읽는다) 잘했어요. 그런데, 선생님이 여기에 한 가지를 더 추가하고 싶어요."

⑦ 아동들이 빠트린 중요한 규칙을 추가하도록 한다. 이를테면 서로에 대한 비밀을 보장하는 것, 지각하지 않는 것, 숙제를 꼭 해오는 것, 다른 친구들을 비난하지 않는 것 등을 포함시켜야 한다. 중요한 규칙을 추가하여 적어둔 뒤 다시 큰 소리로 모두 한 번씩 읽어보도록 한 뒤 〈활동지 : 개인 규칙판〉을 나누어주어 내용을 적어두도록 한다.

⑧ 규칙의 중요성을 다시 한 번 강조한다.

"이 약속들을 잘 지켜야 서로 이 시간을 재미있게 보낼 수 있을 뿐 아니라 많은 것을 배워 갈 수 있는 의미 있는 시간이 될 거예요. 앞으로 항상 이 약속들을 꼭 지켜주세요."

3. 프로그램 참여 동기를 갖고 개인목표 설정하기

① 아동들이 어떤 목적으로 프로그램에 참여했는지 확인해본다.

"자, 우리가 여기에 이렇게 모인 것은 이름을 외우고 게임을 하기 위해서 온 것은 아니죠? 여기에 우리가 함께 모인 데는 목적이 있어요. 여러분은 이 프로그램에 참여할 때 무엇을 기대하고 왔나요? 여러분은 이곳에 왜 모였나요? 이 프로그램에 참여한 목적이 뭔지 돌아가면서 한 사람씩 발표해볼까요?" (아동들의 대답을 듣는다)

② 프로그램에 참여한 동기를 찾을 수 있도록 유도한다.

"마음에 들지 않는 친구들을 따돌리거나 때리거나 괴롭힌 적이 있나요? (아동들의 대답을 듣는다) 왜 그랬나요? (아동들의 대답을 듣는다) 그렇군요. 너무 뛰는 친구가 있어서 혹은 1인자라는 것을 보여주기 위해서 혹은 친구에게 당한 것을 화풀이하기 위해서 등 여러 가지 이유가 있을 거예요. 이런 모든 이유가 다 결국은 친구들로부터 혹은 주변 사람들로부터 인정받고 싶은 마음이 있어서 또한 친구들과 잘 지내고 싶어서였을 거예요. 그런데 결과는 어땠나요? (아동들의 대답을 듣는다) 그런 것이 모두 다 여러분이 친구들과 평화롭게 잘 지내는 법을 잘 몰라서 그럴 수 있어요."

③ 앞으로 프로그램에서 다루게 될 내용 및 목표에 대하여 확실히 인식시킨다.

"이번 프로그램에서는 여러분이 학교에 다니면서 한 번쯤은 겪었을 '학교 폭력'에 대해서 다루게 될 거예요. 학교 폭력이 과연 무엇인지, 학교 폭력이 왜 문제가 되는지 배워보고, 나아가 친구들과 폭력이나 갈등 없이 건강하고 사이좋게 지낼 수 있는 법도 배울 수 있어요. 자, 프로그램의 목표를 들으니 어떤가요? 여러분이 이 프로그램에서 도움을 받고 싶은 내용이 있나요?" (아동들의 대답을 들어본다)

④ 각자 자신의 모습을 살펴보면서 이 프로그램을 통해 버리고 싶은 과거의 모습이 있는지, 또한 이 프로그램을 통해 어떤 모습으로 변하고 싶은지 〈활동지 : 과거, 현재, 미래의 나〉를 나누어주고 적어보도록 한다.

"자, 여러분 각자도 이 프로그램을 통해서 변하고 싶은 자신만의 목표가 있을 거예요. 그게 어떤 건지 한번 찾아보는 시간을 가져볼게요. 과거의 모습 중에 버리고 싶은 나의 모습이 있나요? 한번 '과거의 나' 칸에 적어보세요."

⑤ 미래의 나의 모습에 대해 적을 때는 이 프로그램을 통해 '내가 변화하고 싶은 모습'에 초점을 맞추어 쓰도록 지도한다.

⑥ 자기가 표현한 나에 대해서 나누어보고 이 프로그램이 끝난 이후 자신의 모습이 어떻게 변화될 것 같은지 자신이 원하는 변화된 모습을 각자 돌아가면서 발표하고 박수로 격려한다.

"그렇군요. ○○이는 _____ 하고 싶다는 목표를 세웠군요. ○○이가 잘할 수 있을 거라고 믿어요. 선생님과 친구들도 ○○이가 자신의 목표를 이룰 수 있도록 도와줄 거예요."

⑦ 〈활동지 : 과거, 현재, 미래의 나〉와 함께 자신만의 기념품도 담아 아동들의 이름이 적힌 박스(타임캡슐)에 넣고 테이프로 봉하거나 열쇠로 잠가놓는다. 이 타임캡슐은 프로그램이 끝난 뒤 열어볼 것이라고 알려준다.

"이 타임캡슐은 프로그램이 끝나는 마지막 회기에 열어볼 거예요. 마지막 회기에는 여러분들이 적어놓은 대로 버리고 싶은 모습을 버리고 변화하고 싶은 모습으로 변한 모습을 볼 수 있기를 바라요. 그러려면 우리 모두 열심히 프로그램에 참여해야겠죠?"

⑧ 〈활동지 : 서약서〉를 나누어주고 내용을 함께 읽고 프로그램에 열심히 참여할 것을 다짐한다.

"우리 함께 열심히 해보겠다고 스스로에게 그리고 친구들 앞에서 약속을 해보면 어떨까요?"

정리 및 평가

① 각자 질문이 있는지 물어본다.

"자, 오늘 첫 시간이었는데 프로그램을 진행하면서 혹시 궁금한 점 있는 사람 있나요?" (질문을 받는다)

② 소감을 들어본다.

"여러분 모두 아주 열심히 참여해주어서 고맙습니다. 이번 시간이 어땠는지 돌아가면서 한 사람씩 발표해볼까요?"

③ 스티커판과 개인 규칙판을 나누어준 뒤 이의 활용법에 대해서 설명한다. 그리고 원하는 선물을 적어보도록 하고 부모님과 상의하여 아동이 원하는 선물을 받을 수 있도록 한다. 아동들에게는 이러한 보상이 프로그램 참여 동기를 갖는 데 매우 중요한 요소이므로 약속을 반드시 지켜야 하며 아동들에게도 약속을 반드시 지킬 것임을 확인시켜 준다.

"개인 규칙판을 통해 매 회기가 끝나고 나면 한 회기를 정리하면서 자신의 행동을 스스로 평가하게 될 거예요. 스티커판에는 매 시간마다 주어지는 활동에 열심히 참여하고 규칙을 잘 지키면 각자의 이름에 스티커를 붙여줄 건데, 만약 일정 수의 스티커가 모이면 마지막 시간에 선물을 받을 수 있어요."

④ 각자의 스티커판 위에는 각자 자신이 세운 목표량을 정해두도록 하고, 마지막 회기에 스티커의 목표량을 달성한 아동에게는 시상을 할 것임을 알려준다.

⑤ 각자 이 회기에서 자신의 수행을 스스로 평가해보도록 한다.

매 회기 스티커 부여 및 평가 방법

① 개인 규칙판을 나누어주고 선생님과 아동이 각각 자신이 회기 동안 얼마나 규칙을 잘 지켰는지를 체크하도록 한다. 매 회기마다 반복하여 체크하게 된다.

② 개인 스티커판에는 다음의 요건에 충족되는 경우 '스마일 스티커'를 붙일 수 있다.

• 규칙판에 ○표가 10개 이상(16개) 되는 경우 — 1개(2개) 부여
• 매 회기에 받은 개인 스티커 개수가 1등(2등)인 경우 — 2개(1개) 부여

간식 및 친교의 시간

매 회기가 끝나면 간단한 간식 시간을 가지며 친교의 시간을 갖는다. 이는 프로그램에 대한 참여도와 동기를 높이는 데 중요한 요소가 된다.

내가 누구일까요?

나와 혈액형이 같은 사람	나와 같은 방법으로 등교하는 사람	내가 갔던 외국 여행지와 같은 곳에 다녀왔던 사람	몸무게가 나와 같은 사람
이름 :	이름 :	이름 :	이름 :
아침에 나와 똑같은 것을 먹고 온 사람	나와 좋아하는 운동이 똑같은 사람	나와 좋아하는 게임이 똑같은 사람	나와 같은 달에 태어난 사람
이름 :	이름 :	이름 :	이름 :
아이스크림을 좋아하는 사람	개를 기르는 사람	김치를 싫어하는 사람	학교에 버스를 타고 오는 사람
이름 :	이름 :	이름 :	이름 :
바이올린을 연주할 수 있는 사람	여동생이 있는 사람	나와 같은 동네에 사는 사람	나와 키가 비슷한 사람
이름 :	이름 :	이름 :	이름 :

규칙과 바람

서로 다치지 않고 안전을 유지하기 위해 어떤 규칙이 필요할까?

우리 모두 한 팀이라고 느끼기 위해 어떤 규칙이 필요할까?

집단 활동을 방해하는 행동은 어떤 행동일까?

과제를 잘하기 위하여 필요한 규칙은 무엇일까?

개인 규칙판

번호	규칙 내용	평가자	1회기	2회기	3회기	4회기	5회기	6회기
1		나						
		선생님						
2		나						
		선생님						
3		나						
		선생님						
4		나						
		선생님						
5		나						
		선생님						
6		나						
		선생님						
7		나						
		선생님						
8		나						
		선생님						

약속 지킴 : ○　　　보통 : △　　　노력 필요 : ×

성명 (　　　　)

과거, 현재, 미래의 나

과거의 나

현재의 나(프로그램에 참여하여 변화를 위해 노력하는 나)

미래의 나

서약서

_____ 는 사회성 프로그램을 열심히 배우고, 집과 학교에서도 잘 활용하여 열심히 배울 것을 약속합니다.

　　　년　　　월　　　일 _____ (인)

_____ (인)

스티커판

이름 :

이것도 폭력!

목표

- 학교 폭력 개념을 인식한다.
- 학교 폭력의 성립조건을 이해한다.
- 장난과 폭력을 구분해본다.

준비물

- 활동지 : 학교 폭력 성립조건 카드
- 활동지 : 학교 폭력 성립조건 카드판
- 활동지 : 학교 폭력 상황카드
- 활동지 : 학교 폭력 단어카드
- 활동지 : 학교 폭력 단어 분류판
- 활동지 : 단서 찾기
- 활동지 : 오늘은 뭘 배웠나요? (첫 번째 시간)

도입

① 지난 한 주간 친구들과 어떻게 지냈는지 한번 이야기해보면서 자연스럽게 학교 폭력에 대한 주제를 연결시킨다.

"지난 한 주간 친구들과 어떻게 지냈나요? 힘든 점은 없었나요? (아동들의 대답을 듣는다) 여러분들이 친구들과 지내면서 힘들었던 점이 많았군요. 선생님이 들어보니 ○○가 ~한 것, ○○가 ~를 당한 것(아동들의 예를 활용한다) 모두 '학교 폭력'이에요. 학교 폭력이라는 말을 들으니 어떤가요? '그런 것도 폭력이었나?' 하고 놀란 친구도 있을 것 같아요."

② 학교 폭력에 대한 개념 인식의 필요성에 대하여 설명하도록 한다.

"그런데, 여러분들은 '학교 폭력'이 구체적으로 무엇인지 알고 있나요? 어떤 행동을 가지고 학교 폭력이라고 하는지 잘 모르는 경우가 많은 것 같은데 여러분들은 잘 알고 있나요? (아동들의 대답을 듣는다) 학교 폭력이 무엇인지 모른다면 '학교 폭력'을 당하는 상황에서도 적절하게 대처하지 못하겠죠. 다음에 그런 상황에 처했을 때 올바르게 대처하기 위해서 우선 '학교 폭력'이 무엇인지 배워보는 것이 중요할 것 같아요."

③ '외톨이 게임'을 진행한다.

"자, 그래서 오늘은 학교 폭력에 대해서 배울 건데, 우리 한번 게임을 하면서 폭력이 어떤 것인지 느껴보면 어떨까요? 간단한 게임을 하면서 이번 시간을 시작해볼까요?"

ㄱ. 가위바위보로 구성원 중 한 사람을 술래로 정한다.

ㄴ. 술래가 아닌 구성원은 동그랗게 둘러선 다음 모두 밖을 향해 돌아선다.

ㄷ. 술래는 원 안에 들어간다.

ㄹ. 게임이 시작되면 구성원 한 사람, 한 사람에게 다가가서 팔을 잡거나 말을 걸면서 그 구성원이 자신과 눈을 맞추도록 노력한다.

ㅁ. 술래가 아닌 구성원들은 술래가 다가오면 얼굴을 높이 쳐들거나 고개를 숙이는 등 눈을 맞추거나 쳐다보지 않는다. 또한 술래가 어떤 행동을 하더라도 몸을 다른 방향으로 돌려버리고, 술래가 말을 걸어도 대답을 해서는 안 되며, 술래가 손을 잡거나 매달리면 손을 빼거나 뿌리치려고 노력한다.

ㅂ. 만약 술래와 눈을 마주치거나 말대꾸를 하게 되면 그 구성원이 술래가 된다.

　게임이 끝난 후 자리를 정리한 뒤 간단하게 느낌을 나누는 시간을 갖는다. 밖에서 원 안으로 들어올 수 없었을 때 기분이 어땠는지 각자 돌아가며 느낌을 나누어보도록 한다.

"친구들이 눈을 마주치지 않을 때 어떤 기분이 들었나요? 방금은 놀이였지만 실제 친구들과의 관계라면 어떨까요? 왠지 모르게 거절당하고 배척되는 느낌이 들진 않았나요?"

④ 아동들의 느낌에 대하여 인정해주고 설명한다.

"어느 누구라도 집단에 속하지 못할 때 혹은 친구들로부터 집단으로 거부당할 때 두려움도 느끼고 화도 나고 짜증도 날 거예요. 충분히 그런 느낌을 받을 수 있어요. 친구들 안으로 들어가고 싶은데 다른 사람에 의해 못 들어가게 되면 친구에게 화가 나기도 하고 때로는 내 탓인 것처럼 느껴지기도 할 거예요. 방금 우리가 겪었던 이 상황도 바로 폭력일 수 있어요."

⑤ 이번 회기를 소개한다.

"자, 그러면 오늘은 폭력에 대해서 이야기를 해볼까요?"

프로그램 진행

1. 학교 폭력에 대한 개념 인식하기

① 다음의 사례를 칠판에 붙여놓거나 아동들에게 각자 나누어준 뒤 읽어준다.

"선생님이 한 친구의 실제 사례를 가지고 나왔어요. 이 친구의 이야기를 들어볼게요."

> 아이들이 함께 운동장에서 놀고 있다. 찬영이는 키가 작고 마른 수현이에 대해서 거짓말을 하기 시작했다. 수현이가 선생님 책상에서 스티커를 훔쳤다고 말이다. 그러고는 수현이에게서는 이상한 냄새가 난다며 '구린내'라고 놀리기 시작했다.
>
> 또, 다음 날 찬영이는 다른 친구들에게 수현이에게 구린내가 나니 말도 하지 말라고 했다. 며칠이 지나 수현이가 운동장에서 아이들과 함께 놀려고 하자 찬영이와 다른 아이들이 저리 가라며 끼워주지 않았다.
>
> 찬영이는 수현이가 화장실에 갈 때도 별명을 부르며 따라다녔다. 머리를 잡아당기기도 하고 몸을 밀치기도 했다. 선생님에게 말하면 영원히 왕따를 만들어버리겠다고 했다. 이제 아무도 수현이와 놀지 않았다. 더 이상 아이들과 운동장에서 뛰어놀 수도 없었다.

② 이야기를 들은 소감을 물어본다.

"이 사례를 읽고 여러분 기분이 어땠나요? 수현이의 기분이 어땠을까요?"

③ 사례 속에서 수현이는 잘못이 없음을 명확하게 인식시켜 주고 수현이는 '학교 폭력'을 당한 것임을 알려준다.

"이 사례에서 수현이의 잘못이 있을까요? (아동들의 대답을 듣는다) 수현이는 여기에서 잘못이 없죠."

④ 사례 속에서 학교 폭력에 해당하는 것이 어떤 것이 있을지 아동들 스스로 찾아보도록 한다.

"찬영이가 수현이에게 한 행동은 '학교 폭력'이에요. 찬영이가 수현이에게 한 행동 중에 어떤 것이 학교 폭력에 해당하는 것일까요?"

⑤ 사례를 하나하나 구체적으로 짚어주며 학교 폭력에 대하여 설명한다.

"네, 맞아요. 잘 찾아주었어요. 먼저, 찬영이가 수현이에게 '구린내'라고 놀린 것이 폭력이에요. 이 행동은 언어적 폭력이에요. 또 찬영이가 수현이가 다른 아이들과 어울리지 못하게 하고 놀이에 끼워주지 않은 것도 폭력입니다. 이 행동은 관계적 폭력이에요. 또한 찬영이가 머리를 잡아당기고 몸을 밀친 것 역시 폭력입니다. 이것은 신체적 폭력이에요. 게다가 찬영이는 선생님에게 말하면 가만두지 않겠다고 위협까지 했어요. 이런 것들이 모두 다 폭력이에요."

⑥ 학교 폭력의 세 가지 유형에 대하여 설명해준다.

"신체적 폭력은 친구의 몸을 건드려서 아프게 하거나 힘들게 하는 행동들을 말해요. 언어적 폭력은 친구의 약점을 가지고 말로 상처를 주는 행동입니다. 관계적 폭력은 친구를 따돌리고 무시하는 행동을 말해요."

⑦ 폭력 상황에서의 방관자의 역할에 대해서도 강조하여 설명한다.

"찬영이뿐만 아니라 폭력을 간접적으로 행사한 사람들이 또 있습니다. 누구일까요? (아동들의 대답을 듣는다) 맞아요. 수현이가 어떤지 생각하지도 않고 찬영이의 말만 믿고 무조건 수현이를 따돌린 친구들도 폭력을 행사한 것과 같아요. 여러분은 '가만히 있는 것'은 폭력이 아니라고 생각할지 모르지만 이것 역시 관계적 폭력에 해당하는 행동이라고 할 수 있어요."

2. 학교 폭력이 성립되는 조건을 인식하기

① 학교 폭력의 성립조건에 대하여 인식시킨다.

"우리 주위에서 흔히 일어나는 일들 중에 학교 폭력이 많다는 것을 알게 되었을 거예요.

자, 그러면 조금 더 깊이 학교 폭력에 대해서 알아볼게요. 어떤 경우에 학교 폭력이라고 하는 걸까요?"

② 두 팀으로 나누어 〈활동지 : 학교 폭력 성립조건 카드〉를 나누어준 뒤 학교 폭력이 성립 되는 세 가지 조건이 무엇일지 골라보도록 한다.

"자, 여기 여러 가지 조건이 적힌 카드들이 있어요. 이 중에서 학교 폭력이 되는 세 가지 조건을 각 팀별로 찾아보도록 하세요."

③ 아동들이 각자 골라본 조건을 〈활동지 : 학교 폭력 성립조건 카드판〉에 붙여 발표하도록 하고 선택한 이유를 발표해보도록 한다.

④ 아동들이 학교 폭력 성립조건을 맞춘 경우 이의 내용을 정리하여 학교 폭력의 세 가지 성립조건을 설명해준다.

⑤ 찬영이와 수현이의 사례에서 찬영이의 행동은 어떤 점에서 폭력의 세 가지 조건에 해당 되는지 찾아보도록 한다.

"찬영이의 행동은 어떤 점에서 폭력의 조건에 해당할까요?" (아동들의 대답을 듣는다)

⑥ 〈학교 폭력의 세 가지 조건〉 제목 밑에 다음과 같이 적는다 — 고의적으로 친구를 괴롭힌다.

"찬영이가 한 행동이 실수였나요? 아니면 기분을 상하게 한 뒤 미안하다고 사과했나요? 찬영이는 친구가 싫어하는 것을 알면서도 괴롭혔죠. 이게 바로 찬영이의 행동이 나쁜 이유입니다. 친구가 싫어하는 것을 알면서도 고의적으로 괴롭히는 것은 폭력입니다."

⑦ 〈학교 폭력의 세 가지 조건〉 제목 밑에 '여러 번 친구를 괴롭힌다'라고 적고 설명을 한다.

"찬영이가 딱 한 번 수현이를 괴롭혔나요? 찬영이는 한 번만이 아니라 수현이를 계속해 서 괴롭혔어요. 이게 바로 찬영이의 행동이 나쁜 이유입니다."

⑧ 마지막으로 다음과 같이 말하며 〈학교 폭력의 세 가지 조건〉 제목 밑에 다시 다음과 같이 적는다 — 약한 친구를 괴롭힌다.

"친구들 사이에 가끔은 다투기도 하죠. 하지만 키가 크거나 힘이 센 친구가 자기보다 약 한 친구를 괴롭히는 것은 폭력입니다. 또 여러 명이 힘을 합쳐 한 친구를 둘러싸고 괴롭 히는 것도 폭력입니다. 아주 비겁한 행동이에요."

⑨ 방관자들의 잘못에 대해서도 설명한다.

"이 친구들은 어떤 점에서 잘못됐을까요? 적극적으로 수현이를 괴롭히지는 않았지만 아무 생각 없이 폭력 행동을 방관하고 있는 것도 폭력에 동조한 것입니다."

3. 장난과 폭력 구별하기

① 장난과 괴롭힘 행동의 차이에 대해서 생각해볼 수 있도록 한다.

"그렇다면 장난과 괴롭힘은 어떻게 다른지 찾아볼 수 있겠지요? 장난은 친구들 사이에서 흔히 벌어지는 일로, 친한 친구들끼리는 때로는 짓궂은 장난을 하면서 함께 웃고 즐기기도 합니다. 하지만 장난으로 인해서 친구가 기분이 언짢고 화가 나고 위협감을 느끼면 그것은 더 이상 장난이 아니에요. 또한 '그만해'라고 했는데도 계속 장난을 친다면 그때는 더 이상 장난이 아닌 거예요. 그것은 폭력입니다."

② 학교 폭력의 조건에 대해서 다시 한 번 강조한다.

"자, 그러면 정리해볼까요? 장난으로 하는 말이나 행동을 친구가 싫어하는데도 계속해서 되풀이하는 것은 곧 괴롭힘이 되고 폭력이 됩니다. 꼭 기억하세요. 친구가 싫어하는 말이나 행동을 계속해서 강요하는 것은 장난이 아니라 '폭력'입니다."

③ 학교 폭력의 세 가지 조건을 함께 외워보도록 한다.

④ 내가 하는 장난에 친구들이 비슷한 반응을 보인 적이 있었는지 자신의 경험을 들어 이야기를 나누어보도록 한다.

⑤ 그때 친구들이 어떤 반응을 보였는지 말해보도록 한 뒤, 친구가 기분이 상했다는 것을 알 수 있는 단서들을 〈활동지 : 단서 찾기〉를 보면서 알아보도록 한다.

"친구가 기분이 상하기 전에 그런 행동은 하지 않는 것이 중요해요. 하지만 때로는 나도 모르게 한 행동 혹은 장난을 친 것에 대해서 상대방이 다음과 같은 반응을 보일 경우에는 상대방이 기분이 매우 안 좋다는 표시이므로 그 행동을 중지해야 합니다. 다 함께 친구들이 기분 나빠 하는 것을 알 수 있는 단서들에는 어떤 것이 있는지 찾아볼까요?"

4. 학교 폭력 구분해보기

① 친구들을 괴롭히는 행동이 포함된 〈활동지 : 학교 폭력 상황카드〉 중 한 사례를 읽어주면서 이것이 무슨 상황인지에 대해 묻고 이 행동이 학교 폭력인지 아닌지를 맞추어보도록 한다.

"자, 이제 오늘 내용을 잘 배웠는지 확인해볼까요? 제가 읽어주는 사례를 잘 듣고 이 사례가 학교 폭력에 해당하는지 한번 생각해볼게요. 그리고 학교 폭력의 세 가지 유형, 즉 신체적 폭력, 언어적 폭력, 관계적 폭력 중 어디에 해당하는지 맞혀보세요."

② 〈활동지 : 학교 폭력 상황카드〉의 나머지 상황을 읽어주고 각 사례를 읽고 세 가지 괴롭힘의 유형 중 하나로 구분해보도록 한 뒤 맞힌 아동에게는 스티커를 부여한다.

③ 모둠을 구성한 뒤 모둠별로 〈활동지 : 학교 폭력 단어카드〉와 〈활동지 : 학교 폭력 단어 분류판〉을 나누어주고 진행 방법을 설명한다.

"자, 여기에 단어카드들이 여러 개 있지요. 이 단어카드들 중에서 친구들을 괴롭히고 힘들게 하는 행동을 구분하고 폭력 행동일 경우 세 가지 괴롭힘 행동 중에 어디에 속하는지 생각해보고 해당하는 곳 분류판에 붙여보도록 하세요."

④ 모둠이 다 분류하면 맞힌 것과 틀린 것을 다 함께 살펴보고 틀리게 분류한 경우 적절한 설명을 해주면서 수정해준다.

⑤ 맞힌 개수를 합산해서 많이 맞힌 모둠에게 스티커를 부여한다.

⑥ 폭력 단어카드 중에서 자신이 목격하거나 경험했던 행동은 몇 개나 되는지 세어보도록 하면서 우리 주변에서 너무나 많이 이러한 폭력이 일어나고 있다는 것에 대해서 인식하도록 한다.

정리 및 평가

① 이번 회기에서 배운 내용에 대한 질문을 받고 정리한다.

"오늘 배운 내용 중에 질문이 있나요? (아동들의 질문을 받는다) 오늘은 상대방의 기분을 나쁘게 하고 상하게 하는 행동들, 즉 학교 폭력에는 어떤 것들이 있는지 알아보았지요. 누군가가 나에게 이런 행동을 한다면 자신을 보호하기 위하여 적극적으로 대처해야 하고

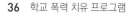

나 역시 누군가에게 이런 행동을 하지 않았는지 잘 생각해보고 앞으로는 그런 일이 없도록 해야 할 것입니다."

② 학생들의 소감을 들으며 마무리한다.

③ 다음 시간에 대하여 간단히 소개한다.

이전에 겪었던 일이나 주변에서 일어난 일 혹은 내가 무심코 했던 행동들 중에서 당시에는 몰랐지만 '학교 폭력'에 해당하는 행동이 있었는지 기억나는 대로 적어 오도록 한다. 그리고 그 행동이 어떤 점에서 학교 폭력에 해당하는지 또한 어떤 폭력 유형에 해당하는지 〈활동지 : 오늘은 뭘 배웠나요? (첫 번째 시간)〉에 적어 오도록 한다.

학교 폭력 성립조건 카드

내 장난에 친구가 불쾌해하는 모습을 보고 그만둔다.

일부러 친구를 괴롭힌다.

여러 번 반복해서 친구를 괴롭힌다.

힘이 센 친구에게 '하지 마'라고 하면서 저항한다.

신경질이 나서 충동적으로 친구를 괴롭히고 후회한다.

약한 친구를 괴롭힌다.

친구를 실수로 넘어뜨리고 나서 곧바로 '미안해'라고 이야기한다.

친구가 싫어하는 것을 알고 장난을 그만둔다.

친구와 의견이 맞지 않아 말다툼을 한다.

학교 폭력 성립조건 카드판

01

02

03

학교 폭력 상황카드

관계적

○○는 우리 반 잘난척쟁이다. 아무래도 버릇을 좀 고쳐줘야겠다.
체육시간에 ○○를 어느 팀에도 끼워주지 않았다.

관계적

체육시간이다. 체육을 제일 잘한다고 칭찬받던 나인데,
○○란 친구가 체육을 제일 잘하는 거다. 괜히 질투가 나서 체육시간 이후로
말을 걸어도 모른 체하고 눈도 안 마주치고 있다.

관계적

체육시간에 반에서 도난 사건이 터졌다.
분명 체육시간에 빌빌거리는 ○○가 훔쳐간 게 분명하다.
반 아이들에게 ○○가 도둑질을 했다고 다 퍼트렸다.

신체적

'야!' 하며 친구를 툭 건드리듯 밀치며 부른다.
반응이 없자 이번에는 머리카락을 잡아당겨 본다.

신체적

점심시간이다. 맛있는 반찬이 없어서 실망하던 중 옆 친구의
반찬이 맛있게 보여서 '잠깐 맛 좀 보자'며 반찬통을 통째로 들고
내 자리에 와서 반찬을 다 먹어버렸다.

학교 폭력 상황카드 (계속)

신체적

시험 시간에 공부를 안 해 왔다.
시험 도중 앞에 앉은 아이의 의자를 툭툭 치며
시험지를 보여달라고 하였다.

언어적

친구가 이틀 동안 머리를 감지 않았는지 머리에서 냄새가 났다.
집에 가면서 다른 친구에게 "야 ~ ○○ 오늘 머리냄새 나서 죽는 줄 알았어.
○○ 너무 지저분한 거 같아."라고 말했다.

언어적

성이 채 씨인 친구가 있다. 키도 작고 빼빼 말라서
"야! 채소!"라고 놀린다. 내가 생각해도 기가 막힌 별명이다.

언어적

친구가 옆자리에서 수학문제를 풀고 있는데
큰 소리로 "야! 너 틀렸어!"라고 지적한다.

언어적

우리 반에 뚱뚱하고 못생긴 애가 있는데 아이들과 잘 어울리지도
못하는 외톨이다. 미안하긴 하지만 어차피 왕따인 아이니까
'뚱땡이'라고 실컷 놀려먹는다.

학교 폭력 단어카드

발로 차기	이름 가지고 놀리기	째려보기
옷 더럽히기	외모 가지고 놀리기	절대 말 안 걸기
머리 잡아당기기	비꼬아 말하기	대답 안 하기(씹기)
반찬 빼앗아 먹기	부모님 흉보기	피하기
심부름 시키기	욕하기	비웃기
꼬집기	나쁜 소문 퍼트리기	친구와 눈 안 마주치기
밀치기	뒤에서 험담하기	친구 보며 얼굴 찡그리기
발 걸기	싫어하는 별명 부르기	불러도 모른 체하기
머리 때리기	고함치기	친구가 돕는 것 막기
몽둥이로 때리기	가정 형편 놀리기	친구 앞에서 귓속말하기
돈 뺏기	위협하는 쪽지 보내기	실수하면 낄낄대며 웃기
준비물 빼앗기	성적 가지고 흉보기	놀이에 끼워주지 않기
숙제 시키기	협박하는 메일 보내기	문자나 전화 무시하기
주먹으로 때리기	내 잘못 뒤집어씌우기	이간질하기
어깨 두드리기	짝하기	숙제 도와주기
말 걸기	준비물 빌려주기	집에 함께 가기
칭찬해주기	간식 나눠먹기	놀이에 끼워주기

학교 폭력 단어 분류판

신체적 폭력

언어적 폭력

관계적 폭력

비폭력

단서 찾기

얼굴이 붉게 상기되며 화가 난 것

아무 말 하지 않고 굳은 표정을 짓고
있는 것

내 장난에 같이 장난을 치지 않고
무시하는 것

내 장난에 시무룩해져서 어깨가
축 처져 있고 기운 없어 보이는 것

첫 번째 시간

오늘은 뭘 배웠나요?

이번 시간에는 학교 폭력이 무엇인지 배웠습니다. 이전에 겪었던 일이나 주변에서 일어난 일 혹은 내가 무심코 했던 행동들 중에서 당시에는 몰랐지만 '학교 폭력'에 해당하는 행동이 있었는지 기억나는 대로 적어보세요. 그리고 그 행동이 어떤 점에서 학교 폭력에 해당하는지 또한 어떤 폭력 유형에 해당하는지 적어보세요.

번호	언제, 어디	상황	
1			학교 폭력이 되는 이유는 무엇인가? ( ) 폭력 유형 ( )
2			학교 폭력이 되는 이유는 무엇인가? ( ) 폭력 유형 ( )
3			학교 폭력이 되는 이유는 무엇인가? ( ) 폭력 유형 ( )
4			학교 폭력이 되는 이유는 무엇인가? ( ) 폭력 유형 ( )

다음 시간에 자신이 경험한 것을 발표해봅시다.
과제를 적어 오고 발표를 하면 스티커를 2배로 줍니다. 파이팅~!!

일그러진 미래

목표

- 학교 폭력의 결과를 인식한다.
- 내 행동으로 인한 파급효과 및 장기적 안목을 갖는다.
- 학교 폭력에 대한 처벌 내용과 절차를 구체적으로 인식함으로써 내 행동의 결과를 인식한다.

준비물

- 비디오(제3의 교실, LG 문화 복지 재단)
- 활동지 : OX 게임용 문장
- 활동지 : 하늘로 보내는 편지
- 활동지 : 학교 폭력 조치 단계
- 활동지 : 학교 폭력 예측 말판
- 활동지 : 벌칙카드
- 활동지 : 오늘은 뭘 배웠나요?(두 번째 시간)

도입

① 〈OX 게임〉을 진행한다.

ㄱ. 바닥에 둥글게 둘러앉고 바닥에는 O와 X가 적힌 종이를 붙여 놓는다.

ㄴ. 문장을 읽어주고 그 문장이 맞으면 O로, 틀리면 X로 이동하도록 한다. 〈활동지 : OX 게임용 문장〉을 활용해도 좋고 재미있는 퀴즈 형식으로 진행해도 좋다.

ㄷ. X로 이동하는 경우 탈락하며 O에 있는 사람들만 계속해서 게임을 진행한다.

ㄹ. O에 있는 사람이 적을 경우 '패자부활전'을 하여 살아남은 사람이 다시 게임에 참여할

수 있도록 한다.

ㅁ. 마지막까지 살아남은 사람이 승리하며 스티커를 부여한다.

ㅂ. X일 경우 간단하게 올바른 생각으로 수정해준다.

② 지난 시간을 정리하고 숙제를 점검한다.

③ 이번 시간에 대하여 소개한다.

"이번 시간에는 실제로 폭력으로 인하여 어떤 피해를 겪게 되는지 알아보겠습니다."

내용

1. 학교 폭력으로 인한 파급효과에 대해 생각하기

① 비디오(제3의 교실, LG 문화 복지 재단−20분까지만 시청한다)를 시청한 뒤 비디오 상황을 깊이 있게 이해하기 위하여 다음과 같은 질문을 던지고 이에 대하여 아동들이 자연스럽게 발표할 수 있도록 한다.

"비디오를 보고 여러분은 어떤 생각을 했나요? 어떤 기분이 들었나요?" (아동들의 대답을 듣는다)

- 폭력으로 인해 어떤 결과가 생겼나?
- 폭력으로 인해 피해 아동과 가족들이 어떻게 되었나?
- 폭력으로 인해 가해 아동과 가족들은 어떻게 되었나?
- 내가 피해 아동(혹은 가해 아동)이었다면 어땠을까?

② 학교 폭력 피해자들의 주변 사람들과 가해자들의 실제 고백을 들어본다. 〈활동지 : 하늘로 보내는 편지〉를 읽어준다.

"이제 실제로 폭력을 당했던 친구와 폭력을 가했던 친구들이 그 사건이 지나간 후에 어떤 생각, 어떤 고백을 하는지 한번 들어보겠습니다."

③ 각 사례에 대해서 다음의 질문을 던져 폭력으로 인한 결과를 인식할 수 있도록 한다. 모둠별로 다음의 내용을 깊이 있게 생각한 뒤 발표하도록 한다.

모둠 1

● 자식을 잃은 아버지의 심정은 어떨까요?

● 가족이나 가까운 사람과 헤어져 본 적이 있나요?

● 학교 폭력이 피해자뿐만 아니라 주변의 가족들에게도 큰 고통을 준다는 것을 알고 있었나요? 어떤 점을 느꼈나요?

모둠 2

● 친구를 떠나보낸 주인공의 심정은 어땠을까요?

● 나의 잘못으로 누군가가 삶을 포기한다면 어떨까요?

● 친구가 괴롭힘을 당한다는 것을 알고도 못 본 체한 적이 있나요? (그 일을 마음속으로 후회한 적이 있나요?)

모둠 3

● 재연이는 지금 어떤 감정일까요?

● 학교 폭력을 겪은 이후 재연이의 삶이 어떻게 바뀌었나요?

● 학교 폭력 가해자도 고통에 시달린다는 점을 알고 어떤 생각을 했나요?

2. 학교 폭력으로 인해 받게 되는 처벌에 대해 배우기

① 학교 폭력은 처벌을 받을 수 있는 범죄임을 인식시킨다.

"물론 극단적인 예지만 신체적 폭력으로 인해 피해자가 상해를 입었을 때 어떤 처벌을 받게 되는지 선생님이 실제적인 이야기들을 해주겠어요. 학교 폭력이 법의 처벌을 받는 범죄라는 사실을 알고 있었나요? (아동들의 대답을 듣는다) 학교 폭력은 범죄입니다. 따라서, 국가에서는 학교 폭력을 휘두르는 사람에 대해서 법으로 처벌을 하고 있습니다."

② 학교 폭력이 발생할 경우 이에 대한 조치 단계를 〈활동지 : 학교 폭력 조치 단계〉를 칠판에 붙여 놓고 구체적으로 설명한다. 내용은 다음과 같다.

"학교 폭력이 발생하면 일반적으로 다음과 같은 절차를 밟아서 조치 및 분쟁 조정, 민·형사상 소송 등이 진행됩니다."

학교 폭력 조치 단계

1단계 : 학교 폭력 발생

2단계 : 현장을 본 사람이나 들은 사람이 즉시 학교나 경찰 등 관계 기관에 신고한다.

3단계 : 신고를 받은 학교에서 부모님과 교육감에게 알린다.

4단계 : 자치위원회를 소집하여 해당 학생을 조사한다.

5단계 : 피해자와 가해자의 보호자에게 합의를 유도한다.

합의가 될 경우

- 가해 학생 보호자로부터 각서를 받는다.
- 가해 학생과 보호자는 함께 사과문을 작성한다.
- 피해 학생의 치료 상담을 위한 비용을 지불한다.
- 사회봉사를 하거나 치료 상담을 받는다.

합의가 되지 않을 경우

- 법적인 절차를 밟는다.
- 관할 경찰서에 학교 폭력 내용을 고소한다.
- 경찰서 소년계에서 수사를 한다.

---

③ 어떤 처벌을 받는지에 대해서 구체적으로 알아보도록 한다. 〈지뢰 피하기〉 게임을 진행하면서 배워본다.

④ 〈활동지 : 학교 폭력 예측 말판〉을 칠판에 붙여 둔 뒤 모둠을 정하여 모둠별로 서로 다른 색깔의 자석을 '말'로 정한다.

⑤ 한 모둠원이 돌아가면서 차례대로 주사위를 던지면 나온 숫자만큼 말을 진행시킨다. '지뢰' 표시 안에는 학교 폭력으로 인해 받게 되는 처벌 내용이 적혀 있다. 지뢰에 말이 걸리면 주머니에서 벌칙카드를 뽑게 되는데, 벌칙카드에는 말판에 적혀 있는 처벌 내용을 받게 되는 경우가 어떤 경우인지 설명이 적혀 있고 이와 함께 아동이 게임에서 수행해야 할 벌칙도 적혀 있다.

⑥ 지뢰에 걸리게 되면 해당 모둠원은 일어나서 지뢰에 해당하는 〈활동지 : 벌칙카드〉를 뽑아 안에 있는 '벌칙을 받게 되는 경우'를 큰 소리로 읽고 벌칙을 수행한다.

⑦ 도착했을 때 지뢰에 걸린 수가 가장 적은 모둠이 승리하고 승리한 모둠에게 스티커를 붙여준다.

⑧ 게임을 하면서 새롭게 알게 된 사실이 있는지 알아보고 새롭게 깨닫게 되었거나 느꼈던 점이 있는지 이야기를 나누어본다.

정리 및 평가

① 프로그램 내용에 대하여 질문을 받고 소감을 들으면서 내용을 정리한다.

"이 시간을 통해서 학교 폭력이 피해 학생이나 가해 학생이나 상관없이 관련된 모두가 고통을 겪는 문제라는 것을 여러분이 분명하게 깨닫게 되었으면 좋겠습니다."

② 다음 시간 내용을 간단히 소개한 뒤 회기를 마친다.

OX 게임용 문장

사소한 행동이나 장난으로 친구를 놀리거나 괴롭히는 것도 폭력이다.	O
영화에서도 많이 나오지만 정의로운 폭력이라 해도 폭력은 나쁜 것이다.	O
진짜 맞을 만한 짓을 하는 친구들은 맞아야 한다.	X
재미로 괴롭히거나 때리는 행위는 정말 비열한 것이다.	O
내 생각이 옳다면 나와 다른 친구들은 때려서라도 설득해야 한다.	X
자주 맞는다면 분명 맞는 친구에게 문제가 있거나 무능할 것이다.	X
친구들이 괴롭힐 때 참지 말고 주변에 신고해야 한다.	O
때리거나 괴롭힐 때 '싫어'라고 말하는 것은 실제로 속으로는 즐기는 것이다.	X
여자를 때리는 것은 비겁한 일이지만 남자들끼리는 괜찮다.	X
때로는 한마디의 말보다 한 차례의 주먹이 훨씬 효과적이다.	X
사람을 차별하는 일도 폭력이다.	O
친구들과 친해지려면 하기 싫어도 다른 사람을 괴롭힐 때 같이 괴롭혀야 한다.	X
힘이 세다는 것을 꼭 남에게 드러낼 필요는 없다.	O
화가 날 때 폭력을 사용하면 오히려 더 화가 나게 된다.	O
많은 사람들이 편하기 위해 소수의 사람이 희생되는 것은 어쩔 수 없다.	X
누구나 100% 완벽하지 않으므로 다른 사람의 단점을 포용할 줄 알아야 한다.	O
폭력은 얻는 것보다 잃는 것이 더 많다.	O
폭력은 내가 강하다는 것을 보여주는 좋은 방법이다.	X

사례글 (1)
피해자 아버지가 죽은 아들에게 쓴 편지

아버지가 죽은 아들에게

성연아. 널 지켜주지 못한 못난 아비다. 잘 지내니. 하늘나라에서도 누가 널 괴롭히진 않는지 모르겠구나. 3년이 다 됐지만 매일 눈에 밟힌다. "학교 다녀왔습니다."라며 현관문으로 불쑥 들어올 것만 같구나. 얼마 만이냐. 어젯밤 꿈속에서 네가 내 품에 안겼잖니. 매일 숨어서 날 훔쳐보고 피하던 네가 말이다. 입가에 엷은 미소까지 띠고 있더구나. 사무친 한이 풀린 거냐. 그래, 성연아, 이제 노여움을 풀어라. 너 떠난 뒤에 많은 것이 변했다. 네 엄마는 건강이 무척 나빠졌다. 엄마는 아직도 네 방을 안 치우고 며칠 전엔 새 양말을 사다가 옷장에 넣어두었다. 네가 올까 봐 잘 때 문을 안 잠근다.

'탁 치니까 억하고 죽더라.' 네가 교실 바닥에서 싸늘히 식어간 것을 경찰에서는 이렇게 말하더라. 처음엔 철석같이 믿었다. 네 친구 경호 말을 듣기 전까진. 네가 죽은 다음 날 경호가 찾아와서 그러더라.

"성연이 전에도 많이 맞았어요. 막지 못해 죄송해요."라고. 하늘이 무너져 내리는 줄 알았다. 바로 담임교사에게 따졌다. 이게 무슨 말이냐고. 왜 숨겼느냐고. 경찰서도 이리저리 뛰어다녔다. 시간이 지나면서 사실이 하나둘 드러났다. 네가 죽기 한 달 전부터 애들한테 맞고 따돌림과 괴롭힘을 당했다는 것을…. 아빠는 쉽게 포기하지 않는다. 지금 목공소 일을 그만두더라도 너의 억울한 죽음을 세상에 알릴 거다. 네 한을 풀어줄 테니 이제 하늘에서라도 편안히 쉬거라.

사례글 (2)
학교 폭력으로 자살한 피해자에게 보낸 친구의 편지

친구에게

혜선아. 네가 차가운 아스팔트 바닥으로 몸을 던진 지 벌써 1년 반이 지났다. 난 이번에 대학에 들어간다. 요즘 네 생각이 부쩍 간절해. 그동안 너무 힘들었어. 네가 이 땅에 없다는 게 아직도 실감이 안 나. 가끔 혼자 있을 땐 흐느껴 운단다.

너를 지켜주지 못한 죄책감 때문에 너무 힘들어. 네가 뛰어내리기 이틀 전, 못된 애들이 너를 둘러싸 얼굴을 때리고, 발로 차고, 머리채를 끌고 다니던 모습이 자꾸 생각나.

난 네가 착하게 열심히 공부만 하는 줄 알았어. 그런데 너는 죽 그렇게 걔들한테 맞고 살았다고 하더라. 너는 내가 무슨 일 있으면 발 벗고 도와주려 했을 텐데 난 네가 그렇게 맞는 모습을 보면서도 아무 도움도 주지 못했어. 정말 미안해.

너 뛰어내리기 전날 밤 나랑 채팅했던 것 기억나니? 너 그날 "나 추워, 온몸에 피멍이 들었어, 마음이 너무 아파." 이렇게 말했는데…. 그리고 다음 날 집에 돌아갈 거라고 말했는데…. 지금 생각하면 그날 당장 안산으로 달려가 너를 데려오지 못한 게 무지무지 후회된다.

나 혼자 이렇게 살아있는 것이 너에게 너무 미안해. 널 위해 할 수 있는 건 기도밖에 없구나…. 부디 지옥같은 세상은 모두 잊고 천국에선 행복하길 기도할게.

사례글 (3)
가해자가 피해자에게 쓴 편지

가해 학생이 피해 친구에게

태성아, 나 재연이야.

안부는 묻지 않을게. 그럴 자격도 없는 것 같아. 나 때문에 힘든 나날을 보낸다는 걸 잘 아니까 말이야. 철없던 시절 널 때리고 괴롭힌 게 이렇게 오랜 상처가 될지는 정말 꿈에도 몰랐어. 네 소식은 아버지 통해서 듣고 있어. 6년이 지난 지금도 마음의 문을 닫고 지낸다면서? 집 밖으로 한 발짝도 나가지 않는다는 얘기 듣고 정말 가슴이 아팠어.

사실 내 인생도 순탄치 않았어. 그때 널 때린 게 문제가 됐고, 학교에서 날 퇴학시켰잖아. 나로선 그 결정을 받아들이기 어려웠어. 같이 널 때린 형석이는 퇴학당했는데, 진수는 그냥 꾸중만 듣고 학교를 계속 다녔거든. 당장 집에 '왜 나만 퇴학시키느냐'고 따졌지. 학교에다 '미안하다'고 빌기만 하는 아버지가 무능력해 보이고 모든 게 싫어지더라.

그래서 가출하고 아버진 나 찾으러 다니고 난리도 아니었어. 우리 집은 하루도 조용한 날이 없었어. 문제아들이 많이 다니는 목포 J고에 들어가 근근이 졸업장은 받았어. 전학을 시도했지만 안 받아주더라. 졸업한 뒤에는 고교 선배들 따라 목포 S파 행동대원으로 있었어. 학교 선배들이 '놀았던' 애들 중에서 행동대원으로 뽑아가곤 해. 아 참, 걱정하지 마. 지금은 나 조폭 아니야. 그 생활 정리하고 고향을 떴지. 지금 인천에서 열심히 일하고 있어. 너도 알잖아. 나 법정에 두 번이나 가서 양심선언도 한 거. '재연이 내가 때리고 괴롭혔다'고 정말 큰 마음 먹고 얘기했는데, 법원에선 인정해주지 않았지만…

모든 게 잘 정리됐으면 좋겠어. 네 마음의 상처도, 내 마음의 짐도…. 가능하다면, 정말 모든 걸 다시 제자리로 돌려놓고 싶다. 너도 그렇지?

학교 폭력 예측 말판

벌칙카드

03 폭력을 휘둘러 피해자의 몸을 다치게 했을 때	09 방이나 일정한 곳에 가두었을 때
벌칙 : 나의 장점 다섯 가지 밝히기	벌칙 : 옆 친구의 장점 다섯 가지 찾기
13 협박을 하거나 폭력을 휘둘렀을 때(예 : 돈을 가져오지 않으면 가만 두지 않겠다.)	19 강제로 물건을 빼앗았을 때
벌칙 : '사랑해'하며 다른 친구들을 한 명씩 안 아주기	벌칙 : 옆 친구 소원 들어주기
26 책이나 가방을 더럽히거나 상대방의 물건을 고의로 망가뜨렸을 때	32 상대방의 약점이나 비밀을 이용해서 협박하는 경우
벌칙 : '폭력 예방' 4행시 짓기	벌칙 : 인디언 밥
37 깔보고 모욕하는 경우	
벌칙 : 춤추기	

두 번째 시간

오늘은 뭘 배웠나요?

이번 시간에는 학교 폭력의 결과가 무엇인지 배웠습니다. 학교 폭력을 당한 피해학생과 가족, 그리고 가해학생과 그들의 가족에게 어떤 결과가 있었는지 생각해보고 적어보세요.

1. 학교 폭력의 결과는 무엇일까?

피해학생	피해학생의 가족
가해학생	가해학생의 가족

2. 학교 폭력을 하게 되었을 때 받게 되는 처벌과 그 절차는 어떻게 되는지 빈칸에 적어보세요.

학교 폭력은 처벌받을 수 있는 (　　　　　　　)이다.

국가에서는 학교 폭력을 휘두르는 사람에 대해서 (　　　　　　　)으로 처벌을 하고 있다.

다음 시간에 자신이 경험한 것을 발표해봅시다.
과제를 적어 오고 발표를 하면 스티커를 2배로 줍니다. 파이팅~!!

열린 마음

목표

- 피해자가 겪을 수 있는 상황을 간접 체험하여 공감한다.
- 구체적인 갈등 상황 속의 친구의 감정을 공감한다.

준비물

- 활동지 : 가족카드
- 활동지 : 퍼즐 맞추기
- 활동지 : 실제 사례자의 글
- 활동지 : 이야기 갈등 상황
- 활동지 : 오늘은 뭘 배웠나요? (세 번째 시간)

도입

① 간단하게 게임을 하도록 한다.

ㄱ.이름이 적힌 〈활동지 : 가족카드〉를 나누어준다. 가족카드 중에 성이 같은 사람끼리 한 팀이 되도록 한다. 이를테면 '김성중', '김한경'이 '김' 씨이므로 한 팀이 되고 '서희원', '서 강준'이 '서' 씨이므로 한 팀이 된다.

ㄴ.〈활동지 : 퍼즐 맞추기〉의 그림을 퍼즐용 조각 선을 따라 자른 뒤 각 모둠에게 나누어준다.

ㄷ.그림이 다 맞춰지면 모둠별로 모여 4절지 크기의 색지에 퍼즐의 그림을 함께 붙여 놓고, 그 그림이 무엇을 의미하는 것인지 찾아보도록 하여 각 그림의 제목을 정하고 내용에 대하여 설명해보도록 한다.

ㄹ.각 그림은 교우관계에서 필요한 마음가짐에 대한 내용들을 상징적으로 담고 있다. 이러한 내용들을 집단원들이 잘 파악할 수 있도록 이끌어 주는 것이 필요하다. 〈활동지 : 퍼즐

맞추기〉 중에 적절한 것을 하나만 선택하여 실시할 수 있다. 본 내용대로 설명을 하지 않더라도 내용이 논리적이고 타당하면 스티커를 부여한다.

첫 번째 그림 설명 : 화를 있는 그대로 표출해서는 안 된다는 것을 이끌어낼 수 있어야 한다. 화를 조절할 수 있는 방법에 대해 이야기가 나올 수 있다.

두 번째 그림 설명 : 또래들로부터 지속적으로 위협이나 폭력을 당하는 아동의 심정을 잘 이끌어낼 수 있어야 한다.

세 번째 그림 설명 : 겉으로는 밝은 모습을 보이지만 마음속으로 우울하고 무기력한 마음을 숨긴 채로 속마음을 털어놓지 못하는 어려움에 대하여 이야기를 이끌어낼 수 있어야 한다.

네 번째 그림 설명 : 또래들로부터 놀림을 당하여 당황하고 속상한 마음에 대한 이해를 이끌어낼 수 있어야 한다.

② 지난 시간에 해 왔던 숙제를 발표하고 발표를 잘한 아동에게 스티커를 부여한다. 이번 회기를 소개한다.

"왜 여러분은 상대방에게 폭력을 가하게 되었나요? 여러분이 이전 시간에 배웠던 것처럼 폭력은 위험한 결과를 가져올 수 있고 그것은 여러분이 원하는 결과가 아니었다는 것을 알게 되었을 거예요. 여러분들은 아마 그냥 순간적으로 화를 풀려고 그랬거나 친구의 행동이 마음에 들지 않아서 혼을 내주려고 그랬을 거예요. 하지만, 폭력을 사용한다면 정말 위험한 결과만을 낳게 돼요. 이번 시간에는 학교 폭력 상황에 처한 피해자들의 입장을 같이 생각해보는 시간을 가져볼 거예요."

내용

1. 피해자의 감정을 직접 몸으로 체험해보기

① 피해자의 입장을 스스로의 경험에 비추어 생각해보는 시간을 갖는다.

"여러분들도 한 번쯤은 누군가에게 폭력을 당한 적이 있을 거라고 생각해요. 친구가 아니라도 가족이나 그 외 다른 사람에게 폭력을 당한 경험이 있을 수 있어요. 그때 기분이 어땠나요? (아동들의 대답을 듣는다) 여러분도 폭력을 당할 때의 기분이 어떤지 잘 알고 있을 것 같아요. 우리 다시 한 번 상대방의 입장이 어떤지 직접 몸으로 느껴보는 시간을 가져볼게요."

② 아래의 세 가지 장면을 연출해보도록 한다. 각 장면의 연출을 위하여 '가위바위보'를 하여 이기거나 진 사람이 원 안에 술래로 들어가게 된다.

"자, 우리가 지금부터 만들어볼 상황은 학교 폭력 상황에서 일어날 수 있는 상황이에요. 이런 상황에서 어떤 기분이 드는지 알아보기 위해서 실제 학교 폭력 피해자 아동들이 처하게 되는 장면을 신체로 묘사해볼게요."

신체적 폭력 : 아이들이 원으로 둘러싸고, 원 안에 술래가 들어가서 몸을 웅크린 채 엎드려 있고 원 안에 있는 술래를 아이들이 험악한 표정으로 보며 서 있는 장면을 연출해본다.

언어적 폭력 : 아이들이 원으로 둘러싸고 있고 원 안에 들어가 있는 술래를 '바보야'라고 손가락질을 하며 벽으로 몰아세워 가는 장면을 연출해본다.

관계적 폭력 : 아이들이 원으로 둘러싸고 있고 원 밖에 서 있는 술래는 원 안으로 들어가려 고 하지만 원으로 둘러싼 아이들은 술래를 밀쳐내며 끼워주지 않는 장면을 연출해본다.

---

③ 각각의 상황을 겪은 술래 3명은 각 장면의 연출이 끝난 후 당시의 기분이 어땠는지를 표현해보도록 한다. 다음과 같은 질문을 활용할 수 있다.

- 이 상황이 어떤 상황인지 말해보세요.
- 폭력 상황이라면 어떤 유형의 폭력인가요?
- 원 안(밖)에 있을 때 어떤 기분이 들었나요?
- 원 안(밖)에 있을 때 원으로 둘러싼 아이들이 어떻게 보였나요?
- 원 안(밖)에 있는 자신이 어떻게 느껴졌나요?
- 원 안(밖)에 있을 때 원으로 둘러싼 아이들에게 무슨 말을 하고 싶었나요?

④ 자신의 감정을 적절하게 잘 표현한 학생에게 스티커를 부여하고 이들의 발표내용을 활용

하여 학교 폭력이나 따돌림을 당하는 아동들의 기분이 실제로 어떠할지에 대하여 일깨워주도록 한다. 피해 아동들이 약하기 때문에 '두려움', '분노', '수치심' 등의 감정을 느끼는 것이 아니라 누구라도 그러한 상황에 처하면 그러한 감정을 경험할 수 있다는 것을 알려준다.

"우리도 막상 이런 상황에 처하니까 기분이 불쾌하고 화가 났어요. 누구라도 이런 상황에 처하면 감당할 수 없는 상처를 받게 되는 것 같지요."

2. '실제 사례자의 고백'을 읽어보기

① '친구들에게 놀림을 당하거나 친구들과 잘 어울리지 못하는 친구가 지은 시'를 읽어준 뒤 각자 어떤 느낌이 들었는지 발표해보도록 한다.

"방금 연출했던 상황은 실제 상황은 아니었지만 학교 폭력 피해를 당하는 아이들이 어떤 기분일지 엿볼 수 있는 기회였어요. 하지만 실제로 당하는 친구들의 어려움은 더 크겠지요. 이번에는 그 아이들의 글을 통해서 실제 피해를 당한 아이들이 어떤 기분이었는지 같이 느껴보도록 해요."

② 〈활동지 : 실제 사례자의 글〉을 순서대로 아동들에게 읽어준 뒤 사례의 주인공이 어떤 기분이었을지 생각해보도록 한다.

"이 글을 듣고 어떤 생각이 들었나요? 이 글 속의 주인공은 어떤 상황을 겪고 있을까요? '작은 공기 한 줌도 되지 않는 보잘것없는 사람'이란 생각은 어떤 기분일까요? 아무도 자신을 신경쓰지 않을 때 어떤 기분일까요?"

"이 글 속의 주인공은 어떤 상황을 겪고 있을까요? 만약 누군가가 나를 욕하거나 쓰레기를 책상 위에 두고 가면 어떤 기분이 들까요?"

3. 상대방의 감정 찾기 연습

① 공감하는 것이 무엇인지 의미에 대하여 설명해준다.

"공감은 상대방의 입장이 되어서 처한 상황이나 느낌 또는 감정을 느껴본 다음에 객관적인 입장에서 상대방을 이해하고 있다고 표현해주는 것입니다."

② 여러 가지 또래관계에서 경험하게 되는 상황들에 대한 이야기가 적힌 카드(〈활동지 : 이

야기 갈등 상황〉)를 게임을 통해 형성된 모둠에게 각각 한 장씩 나누어준다.

③ 각 상황이 어떤 상황인지 읽고 난 뒤 의논하여 이야기의 제목을 정하도록 하고 등장인물이 그 이야기 속에서 어떤 감정을 느꼈을지 생각해보도록 한다.

"이야기 속 주인공의 심정이 어땠을까요? 우리도 이와 비슷한 경우에 있었던 적이 있었을 거예요. 우리가 학교에서 친구들과 지낼 때 누구라도 한 번쯤은 어려운 상황에 처하게 될 때가 있죠. 본인의 경험을 떠올려도 좋고, 본인이 이 이야기의 주인공이 되었다고 생각해보면 주인공의 기분이 어땠을지 쉽게 찾아낼 수 있을 거예요."

④ 제시되어 있는 여러 가지 감정 중 해당하는 감정이 있을 경우 체크하나, 이에 해당하는 감정이 없을 경우 팀에서 새롭게 감정을 적을 수 있도록 한다. 왜 그런 감정을 느끼게 되었을지에 대해서도 생각해보도록 한다.

⑤ 모둠별로 나와 이야기를 읽고 각 팀에서 체크한 감정을 선정한 이유에 대해서 발표하며 이때 리더는 모둠이 설명을 잘 못하더라도 각 이야기의 상황을 잘 정리해서 아동들이 감정이입을 잘할 수 있도록 유도해야 한다.

⑥ 발표를 잘한 모둠에게는 스티커를 부여한다.

정리 및 평가

① 오늘 시간을 통해 어떤 점을 느꼈는지 소감을 들은 후 내용을 정리한다.

② 다음 시간 내용을 간단히 소개한 뒤 회기를 마친다.

숙제

〈활동지 : 오늘은 뭘 배웠나요? (세 번째 시간)〉을 나누어주고 일주일 동안 친구들 사이에서 어떤 감정들을 느꼈는지, 그리고 어떤 상황에서 그런 감정이 느껴졌는지 적어 오도록 한다. 또한 나로 인해 상대방이 어떤 감정들을 느꼈는지, 내가 어떻게 해서 상대방이 그런 감정을 느끼게 되었는지를 적어보도록 한다.

가족카드

장 동 건	장 정 훈	장 서 희	장 동 직
김 은 정	김 혜 숙	김 정 훈	김 송 희
배 용 준	배 찬 호	배 두 나	배 연 희
강 성 호	강 재 원	강 수 경	강 희 연
이 정 재	이 호	이 효 리	이 제 니
고 태 훈	고 성 현	고 혜 진	고 서 윤
최 민 식	최 창 호	최 진 경	최 서 희
신 경 석	신 재 혁	신 윤 정	신 주 희
한 재 석	한 동 준	한 가 인	한 여 경
박 준 석	박 경 호	박 지 혜	박 재 영

퍼즐 맞추기

실제 사례자의 글

보잘것없는 사람같다는 기분을 느껴본 적이 있나요?

마치 작은 공기 한 줌도 안 되는 형편없는 존재가 된 것 같은 기분을 느껴본 적이 있나요?

내 주변에 친구들이 웃고 떠들고 있어도 아무도 내가 그곳에 있다는 것을 모릅니다.

1년 이상 친구 없이 지내본 적 있나요?

체육시간에 혼자 버려진 적 있나요?

점심 먹을 때도 밥을 혼자 먹은 적 있나요?

저에겐 친구가 필요해요.

정말로 죽고 싶어요.

다 제 뒤에서 '재수 없는 놈'이라며 욕을 하고

누군가 제 책상에 음식 먹고 남은 걸 버리고 갈 때 정말 학교에서 도망쳐 나오고 싶습니다.

그렇게 무시를 당하는 제 자신이 너무 한심하고 미워요.

왜 저는 친구들에게 놀림만 당하고 미움만 받는지, 왜 이렇게 저는 못났는지, 왜 이렇게 태어난 걸까요.

아침마다 학교 가는 게 두려워요.

이야기 갈등 상황

이야기 1 제목 :

월요일
오늘 새로운 친구가 전학을 왔다. 너무 괜찮아 보였다. 반 친구들이 모두들 그 아이와 친해지고 싶어 하는 것 같았다. 내일 그 친구에게 나와 선영이 옆자리에 앉지 않겠느냐고 물어볼 셈이다. 설레서 잠이 잘 안 올 것만 같다.

화요일
새로 전학 온 친구가 선영이에게 지우개를 빌렸다. 나도 내 것을 빌려주려고 했는데 내 말은 듣지 못했는지 무시해버렸다. 아마도 그 친구는 나를 좋아하지 않는 것 같다.

수요일
선영이가 오늘은 나에게 전화를 하지 않았다. 우리는 원래 매일매일 전화 통화를 했는데 말이다. 집으로 전화하니 선영이 어머니는 선영이가 요즘 많이 바쁘다고만 하신다. 어찌 된 걸까….

목요일
내가 느끼기엔 선영이가 요즘 내 옆에 잘 오질 않는 것 같다. 내가 다가가도 그 아이는 항상 정신 없이 바쁜 듯 내게 무관심하다. 점심시간에도 같이 밥을 먹으려고 찾아보니 선영이가 자리에 없다.

금요일
새로 전학 온 친구가 내 친구를 빼앗았다. 점심시간에 둘이 같이 앉아 있는 것이다. 그래서 다가가서 '안녕~' 하고 아는 척을 했다. 선영이는 웃으면서 내가 옆에 앉기를 바라는 눈치였는데 새로 전학 온 친구가 '지금 비밀 이야기 중이거든'이라며 눈치를 주는 것이었다.

이 이야기의 주인공은 어떤 기분일까?

○ 쓸모없는 사람이야
○ 화가 나
○ 외로워
○ 당황스러워
○ 친구에게 버림 받았어
○ 나는 바보같아
○ 복수하고 싶어
○ 질투 나
○ 세상이 텅 빈 것 같아
○ 무기력해
○ 슬퍼

이야기 갈등 상황

이야기 2 제목 :

1학기 수학여행 때였다. 점심시간에 숙소로 갔는데 아이들이 발 냄새가 난다며 한바탕 난리가 나 있었다. 우리들은 처음에는 방에서 나는 거겠지 하고 그냥 넘어갔는데 냄새가 점점 더 심해지자 반장이 신발 냄새를 맡아 보자고 했고, 한 여자아이가 자기가 맡겠다고 하면서 맡았다. 그런데 그 여자아이가 내 신발에서 냄새가 난다고 하는 것이었다. 운동화는 한 번도 빤 적 없었지만 그 운동화를 신고 난 다음에는 꼭 화장실에 들어가서 비누로 발을 빡빡 닦았는데… 그런 이야기를 하고 싶었지만 소심해서 결국에는 말을 못했다. 그 이후로 그 신발 냄새를 맡았던 아이가 '야, 드디어 발 냄새의 주인공을 알아냈어…'라고 말하는 것을 들었다. 수학여행 다녀온 다음 주가 되자 한 아이가 나에게 다가와서는 하는 말이 '야, 애들이 너한테서 발 냄새 난대…' 이러는 거였다. 난 황당해서 아니라고 하며 설명을 하려고 했지만 아이들은 계속해서 놀려댔다. 그 뒤로는 아이들이 귓속말하는 것만 봐도 내 이야기를 하는 것 같아서 아이들에게 다가가지 못하게 되었다. 학예회 때 다른 아이들은 친한 아이들끼리 팀을 짰는데, 나는 혼자만 남겨졌다. 끼워 달라고 하니깐 이미 자리 가 다 정해져서 미안하다고 뭐 그러면서…

이 이야기의 주인공은 어떤 기분일까?

- ○ 상처 받은
- ○ 화가 나
- ○ 외로워
- ○ 당황스러워
- ○ 혼란스러운
- ○ 바보같아
- ○ 복수하고 싶어
- ○ 질투 나
- ○ 세상이 텅 빈 것 같아
- ○ 무기력해
- ○ 슬퍼
- ○ 창피해

이야기 갈등 상황

이야기 3 제목 :

1월 7일	1월 8일	1월 10일
어휴, 한 번도 이런 일을 겪어 본 적이 없는데 마음속에서 자꾸 이 일이 떠나질 않는다. 정말 보통 때랑 다르게 행동하는 석준이를 어떻게 대해야 할지 모르겠다. 석준이는 정말 너무나도 조용하다. 원래는 우리끼리 모여 있으면 제일 웃기는 아이였는데 지금은 우리랑 같이 점심도 먹지 않으려고 하고 같이 축구도 하지 않는다. 무슨 일이 있는 걸까 정말 궁금하다.	석준이가 점점 심각해지는 것 같다. 오늘 나는 석준이에게 요즘 무슨 일이 있는 거냐고 물어보았는데, 그러자 석준이가 울 것 같은 표정을 지으면서 눈이 빨개지는 것이었다. 하지만 그러면서도 석준이는 '아무 일도 아냐, 그냥 내버려두고 네 일이나 신경써'라고 말하는 것이었다. 정말 이상하다.	석준이가 여전히 기분이 안 좋아 보인다. 무언가 내가 도와야 할 것 같다.

이 이야기의 주인공은 어떤 기분일까?	석준이는 어떤 기분일까?
○ 상처 받은	○ 상처 받은
○ 걱정되는	○ 걱정되는
○ 나쁜 친구가 된 기분	○ 나쁜 친구가 된 기분
○ 화가 나	○ 화가 나
○ 바보같아	○ 바보같아
○ 무기력해	○ 무기력해
○ 외로워	○ 외로워
○ 복수하고 싶어	○ 복수하고 싶어
○ 슬퍼	○ 슬퍼
○ 당황스러워	○ 당황스러워
○ 질투 나	○ 질투 나

이야기 갈등 상황

이야기 4 제목 :

월요일	수요일	금요일
현우와 나는 시에서 열리는 수학경시대회에 나가게 되었다. 초등학교 1학년 때부터 알고 지낸 현우와 나는 함께 공부하며 친하게 지내 왔다. 현우는 나보다 훨씬 수학을 잘한다. 아마 현우가 수학경시대회를 통과할 것이다. 솔직히 나는 통과할 수 있을지 잘 모르겠다.	학교에서 돌아오자 엄마가 너무 흥분해 계셨다. 알고 보니 내가 수학경시대회를 통과했다는 것이었다. 나는 너무 기뻐서 현우에게 곧바로 전화를 걸어서 시험에 통과했다는 이야기를 했다. 그런데 현우는 내 이야기를 듣자마자 전화를 끊어 버렸다. 어찌 된 일인지 모르겠다.	오늘 나는 현우가 수학경시대회를 통과하지 못했다는 것을 알게 되었다. 그래서 현우는 나랑 이야기를 하고 싶지 않은 것 같다. 아직도 현우는 기분이 풀리지 않은 것 같다. 이제 어떻게 해야 하지…

이 이야기의 주인공은 어떤 기분일까?

- ○ 충격 받은
- ○ 상처 받은
- ○ 미안한
- ○ 자랑스러운
- ○ 낙담한
- ○ 화가 난
- ○ 흥분되는
- ○ 외로운
- ○ 복수하고 싶어
- ○ 슬퍼
- ○ 당황스러운
- ○ 질투 나

현우는 어떤 기분일까?

- ○ 충격 받은
- ○ 상처 받은
- ○ 죄책감을 느끼는
- ○ 자랑스러운
- ○ 낙담한
- ○ 화가 난
- ○ 흥분되는
- ○ 외로운
- ○ 복수하고 싶어
- ○ 슬퍼
- ○ 당황스러운
- ○ 질투 나
- ○ 절망스러운

이야기 갈등 상황

이야기 5 제목 :

나는 어렸을 때 폐렴에 심하게 걸린 이후로 몸이 좋지 않다. 그래서인지 키도 잘 크지 않고 몸집도 작다. 집에서도 항상 밥을 많이 먹지 않는다면서 걱정하신다. 친척들도 나만 보면 '아직도 키가 안 컸네?'라며 걱정하신다. 요즘에는 학교에서도 명수가 자꾸 나만 보면 '비실이'라고 놀린다. 그러지 말라고 했는데도 내가 화내는 것이 더 재미있는지 계속 놀린다. 그리고 이제는 다른 친구들도 다 같이 합세해서 나만 보면 이름 대신 '비실비실 비실이~'라고 놀리기 시작한다. 나는 왜 이렇게 못나게 태어난 걸까? 친구들도 내가 우습게 보이나 보다.

이 이야기의 주인공은 어떤 기분일까?

- ○ 충격 받은
- ○ 걱정되는
- ○ 분노가 치미는
- ○ 다 부숴버리고 싶은
- ○ 화가 나는
- ○ 바보같은
- ○ 무기력해
- ○ 외로운
- ○ 복수하고 싶어
- ○ 슬퍼
- ○ 당황스러워
- ○ 질투 나
- ○ 걱정되는

세 번째 시간

오늘은 뭘 배웠나요?

이번 시간에는 공감하는 법에 대해서 배웠습니다. 일주일 동안 친구들 사이에서 어떤 감정들을 느꼈는지, 그리고 어떤 상황에서 그런 감정이 느껴졌는지 적어보세요. 또한 나로 인해 상대방이 어떤 감정들을 느꼈는지, 내가 어떻게 해서 상대방이 그런 감정을 느끼게 되었는지를 적어보세요.

번호	언제, 어디	상황	나의 감정	상대방의 감정
1				
2				
3				
4				

다음 시간에 자신이 경험한 것을 발표해봅시다.
과제를 적어 오고 발표를 하면 스티커를 2배로 줍니다. 파이팅~!!

4회기

열린 생각

목표

- 상대방의 입장을 다각적으로 이해한다.
- 융통성 있는 시각으로 상대방의 입장을 이해하는 법을 배워본다.

준비물

- 활동지 : 새로운 시각으로 바라보기
- 활동지 : 빈 의자 체험 상황카드
- 활동지 : 오늘은 뭘 배웠나요? (네 번째 시간)

도입

① 〈달라진 점 찾기〉 게임을 진행한다.

ㄱ. 둘씩 짝을 짓는다.

ㄴ. 서로 30초가량 쳐다보며 상대방을 잘 관찰한다.

ㄷ. 30초 정도의 시간을 주고 서로 뒤돌아서서 '머리핀을 뺀다, 단추를 잠근다' 등 세 가지 정도의 변화를 준다.

ㄹ. 다시 마주보며 서서 달라진 점을 찾는다.

ㅁ. 세 가지를 먼저 찾는 사람이 이긴다.

② 지난 회기의 내용을 복습하고 내용을 기억하는지 간단하게 아동들의 발표를 듣는다. 지난 회기의 내용을 잘 기억하고 있는 아동에게 스티커를 부여한다.

"지난 시간에는 친구들의 입장이 되어서 친구들이 어떤 감정을 느꼈을지 같이 느껴보는 시간을 가졌어요."

③ 이번 시간을 소개한다.

"이번 시간에는 친구들의 입장을 이해하기 위해 다른 관점에서 친구를 이해하는 방법을 배워보는 시간을 갖겠습니다."

내용

1. 상대방을 다른 관점에서 이해해보기

① 우리가 상황을 바라보는 데는 다양한 관점이 있다는 점을 설명해준다.

"자, 친구들의 입장을 공감했다면 이제 친구들을 새로운 눈으로 바라보면서 친구들의 입장을 이해하려는 노력이 필요해요. 다른 사람을 이해하는 넓은 마음을 갖기 위해서는 우선 내 생각만을 고집하지 않아야 하고 두 번째로는 상대방이 나쁘게 행동한다고 생각이될 때에도 '새로운 시각'으로 조금 다르게 볼 수 있는 여유를 가지는 것이 필요해요."

② 다음의 사례를 들어 구체적으로 설명해준다.

"공중전화 박스에서 어떤 사람이 너무 오랫동안 나오지 않고 통화를 하고 있어서 여러분은 화가 많이 나 있습니다. 그런데 그 사람의 어머니께서 편찮으셔서 여러 곳에 연락을하고 있다는 것을 여러분이 알게 되면 어떻게 될까요? (아동들의 대답을 듣는다) 아마도여러분은 화가 가라앉고 조금 더 참고 기다려줄 수 있겠지요?"

③ 다음의 글을 읽어준 뒤 질문을 하고 아동들의 답변을 자연스럽게 듣는다. 이때 아동들은지각하는 친구에 대하여 비난을 할 수도 있고 다양한 의견이 나올 수 있다.

> 매일 학교에 지각하는 신형이라는 친구가 있습니다. 잦은 지각으로 선생님께도 꾸중을 자주 듣고 그 아이의 지각으로 인해 우리 조의 점수가 자꾸 깎여서 내심 기분이 좋지 않고 그아이를 원망하는 마음이 들기 시작했습니다. 한번 호되게 맛을 보여주고 싶다는 생각도 듭니다.

"매일 지각하는 이 친구에 대해 어떤 생각이 드나요?"

④ 다음의 글을 새로 읽어준 뒤 아동들에게 상기 사례의 주인공에 대하여 질문을 한다.

> 신형이는 부모님이 모두 일찍 돌아가셔서 할머니와 나이 어린 동생과 함께 살고 있습니다. 신형이의 할머니는 동네 시장 골목에서 작은 좌판을 벌려 놓고 직접 캐신 나물과 텃밭에서 가꾸신 몇 가지 채소를 팔며 어렵게 생활하고 있습니다. 신형이는 점점 힘이 없어지는 할머니를 대신해 아침마다 시장에 나가 할머니를 도와 좌판을 꾸리고 이제 초등학교 1학년에 다니는 동생의 등교 뒷바라지를 하느라 매일 아침 학교에 제시간에 가기가 어려운 상황이었습니다.

"이 친구가 매일 학교에 지각을 했던 이유는 무엇인가요?"

"이 친구의 어려운 점은 어떤 것이 있을까요?"

"이 친구가 걱정하는 것이 있다면 어떤 것일까요?"

"내가 주인공이었다면 어땠을까요?"

⑤ 신형이라는 이야기의 주인공에 대하여 새롭게 생각이 바뀐 부분이 있는지 들어보고, 이렇게 생각이 바뀐 뒤에 혼을 내주고 싶다는 감정은 어떻게 바뀌었는지 자연스럽게 이야기하도록 격려한다.

"이 이야기를 듣고 이 친구에 대한 생각이 어떻게 바뀌었나요?"

⑥ 모둠을 만들도록 한다. 모둠을 만든 후 다음의 예시를 들려준 뒤 이야기를 나누어보도록 한다.

> 우리 반의 희승이는 말썽을 많이 일으킵니다. 숙제나 준비물을 가져오지 않는 것은 물론이고 괜히 다른 친구들을 때리거나 놀리며 종종 싸움을 일으킵니다. 또 목욕도 자주 하지 않는지 냄새도 나는 것 같고 옷도 항상 똑같은 것만 입고 다닙니다. 선생님께 꾸중도 듣고 벌도 서지만 전혀 변화가 없습니다.

⑦ 모둠별로 주인공인 희승이가 왜 그랬을지 새로운 이야기를 만들어보도록 한다.

"희승이는 왜 그랬을까요? 희승이를 새로운 눈으로 바라보기 위해 어떤 점을 고려하면 좋을까요?”

⑧ 이야기를 잘 꾸민 모둠에게 스티커를 부여하고 그러한 이야기들을 듣고 희승이라는 주인공에 대해서 새로운 사실을 알게 된 후 나의 반응이나 생각은 어떻게 바뀌었는지 발표해보도록 한다.

⑨ 〈활동지 : 새로운 시각으로 바라보기〉의 이야기들을 읽고 각자 새로운 이야기를 꾸며본다.

⑩ 지원자를 받아 한 사람씩 나와서 정리한 내용을 발표해보도록 한다. 발표내용이 적절하고 주인공의 입장을 잘 고려한 경우 내용을 요약하여 설명해주면서 스티커를 부여한다.

2. 빈 의자 체험법을 통해 상대방의 입장을 이해하기

① 아동들이 원으로 둘러앉고 원의 중앙에 의자를 하나 놓는다.

“자, 이제부터 이 빈 의자에는 여러분이 상상하는 인물이 앉아 있다고 생각하게 될 거예요. 또 다른 여러분의 모습이 될 수도 있고, 여러분과 갈등이 있었던 친구가 될 수도 있어요. 어색할 수도 있겠지만 매우 진지한 시간이 되어야 합니다. 지켜보는 다른 친구들도 진지한 마음으로 지켜보고 나라면 어떠할지를 깊이 생각해보도록 하세요.”

② 지원자를 정하고 〈활동지 : 빈 의자 체험 상황카드〉 중 하나의 상황을 선택하여 상황카드를 아동에게 건네준 뒤 큰 소리로 상황카드를 읽도록 한다.

“자, 다음의 상황에 처해 있다고 생각해보세요. 가해자는 어떤 입장일지, 피해자는 어떤 입장일지 생각해보세요.”

③ 지원자는 피해자가 빈 의자에 있다고 생각하고, 지원자는 가해자가 되었다고 상상하면서 피해자에게 하고 싶은 말을 한다(아동들이 몰입을 잘할 수 있도록 상황에 대하여 구체적으로 설명을 해주고 필요할 경우 보조 리더가 시연을 해보일 수 있다).

“내가 가해자라고 생각을 해보겠습니다. 피해자가 빈 의자에 앉아 있다고 생각해보고 피해자에게 하고 싶은 말을 해보세요. 가해자로서 어떤 기분이 들었는지, 왜 그랬는지 차근차근 상대방에게 이야기를 해보세요.”

④ 역할을 바꾸어서 자신이 피해자의 입장이 되어 피해자를 대변하고 빈 의자에 있는 가해자에게 하고 싶은 말을 하도록 한다. 입장에 대한 설명뿐만 아니라 피해자로서의 감정도 표

현할 수 있도록 이끌어주는 것이 중요하다. 깊이 있는 이야기가 나올 때까지 이끌어주도록 한다. 진지한 분위기를 조성하기 위하여 음악을 사용해도 좋다.

"자, 이제는 여러분이 빈 의자에 앉을 거예요. 이제는 피해자의 입장이 되어서 가해자에게 하고 싶은 말을 해보도록 하겠어요. 내가 왜 그랬는지, 어떤 기분이 들었는지, 어떤 생각을 했는지 차근차근 이야기해보도록 하세요. 내가 만약 피해자라면 어떠했을지를 상상해서 발표하는 거예요."

〈상황 1〉 피해자 입장의 예

부모님께 혼난 일을 생각하면서 기분이 울적했다. 원래 한 가지 일에 몰두하면 주변에서 누가 뭐라고 하든 잘 듣지를 못한다.

〈상황 2〉 피해자 입장의 예

원래 눈이 크고 옆으로 찢어져 있어서 쳐다보기만 해도 째려본다고 오해를 받는다.

〈상황 3〉 피해자 입장의 예

쉬는 시간에 축구를 하다가 숨이 차서 들어온 나는 정신이 없어서 교실 바닥에 친구들이 만들어 놓은 도미노를 피해서 간다는 것이 실수로 그만 도미노를 무너뜨렸다.

---

⑤ 빈 의자 기법을 체험한 집단원에게 피해자의 입장을 대변해보았을 때 어떤 감정과 생각이 들었는지 이야기해보도록 한다.

"직접 피해자의 입장이 되어서 가해자에게 이야기를 해보니 어땠나요? 어떤 것을 느꼈나요?"

⑥ 빈 의자 체험을 지켜본 다른 아동들에게도 지원자가 가해자가 되어서 피해자에게 이야기 했을 경우와 피해자가 되어서 이야기를 하는 것을 지켜보면서 어떤 생각을 했는지 이야기를 나누도록 한다. 빈 의자 기법에 대한 지원자와 생각을 잘 정리하여 발표한 아동에게 스티커를 부여한다.

정리 및 평가

① 이번 시간을 통해 어떤 점을 느꼈는지 소감을 들은 후 내용을 정리한다.

"우리 주변에서 일어나는 문제에는 다양한 관점이 존재합니다. 그러므로 갈등이 생겼을 때 혹은 화가 나는 상황에서 상대방의 관점이 무엇인지 이해하는 노력이 필요합니다. 항상 내 행동으로 인해서 다른 사람들이 피해를 입지는 않을지 미리 예측해보고 내가 상대방이라면 이런 상황에서 어떤 기분일지 생각해보는 마음이 필요합니다. 이런 여러 가지를 고려하는 지혜가 있다면, 우리 주변에는 갈등도 사라지고 폭력도 사라지게 될 것입니다."

② 다음 시간 내용을 간단히 소개한 뒤 회기를 마친다.

숙제

① 일주일 동안 학교나 학원, 가정에서 친구들의 행동으로 기분이 좋지 않았던 일이 있었는지 적어보고, 이때 이번 시간에 배운 질문들을 활용하여 새로운 시각으로 친구들을 바라보며 친구를 이해하려고 노력해보고 그 결과가 어땠는지를 적어보도록 한다.

② 자신이 가장 화가 났던 순간이 언제였는지 두세 가지 상황을 적어 오도록 한다.

서형이는 뚱뚱하다. 매일 여름만 되면 땀을 삐질삐질 흘리고 땀냄새도 많이 나서 옆에 가기가 싫다. 오늘은 짝을 바꾸는데 옆 줄에 있는 서형이가 내 짝이 될 것 같다. 나는 땀을 많이 흘리는 서형이와 짝이 되고 싶지 않아 '너 딴 데 가라'고 말을 할 작정이다.

다음의 질문을 고려하여 주인공에 대한 새로운 이야기를 만들어보세요.

"주인공은 왜 그랬을까요?"

"이 친구의 어려운 점은 어떤 것이 있을까요?"

"이 친구가 걱정하는 것이 있다면 어떤 것일까요?"

"내가 주인공이었다면 어땠을까요?"

"주인공을 새로운 눈을 바라보기 위해서는 어떤 점을 고려하면 좋을까요?"

새로운 시각으로 바라보기 Ⅱ

매일 학용품을 가지고 오지 않아 나에게 빌리는 친구가 있다. 처음에는 그냥 빌려줬는데 매일 빌려달라고 하니까 기분이 좋지 않았다.

다음의 질문을 고려하여 주인공에 대한 새로운 이야기를 만들어보세요.

"주인공은 왜 그랬을까요?"

"이 친구의 어려운 점은 어떤 것이 있을까요?"

"이 친구가 걱정하는 것이 있다면 어떤 것일까요?"

"내가 주인공이었다면 어땠을까요?"

"주인공을 새로운 눈을 바라보기 위해서는 어떤 점을 고려하면 좋을까요?"

키도 작고 마르고 왜소한 경훈이는 체육시간만 되면 같이 활동을 하지 않고 의자에 가만히 앉아만 있다. 오늘은 축구를 하다가 공이 굴러갔는데 하는 일도 없는 녀석이 자기 앞으로 굴러간 공을 돌려주지도 않고 멍하니 앉아 있는 것이다. 그 자식 때문에 구석에 있는 의자 까지 뛰어가야 했다. 이런 적이 도대체 한두 번이 아니다. 한번 호되게 혼내줘야겠다.

다음의 질문을 고려하여 주인공에 대한 새로운 이야기를 만들어보세요.

"주인공은 왜 그랬을까요?"

"이 친구의 어려운 점은 어떤 것이 있을까요?"

"이 친구가 걱정하는 것이 있다면 어떤 것일까요?"

"내가 주인공이었다면 어땠을까요?"

"주인공을 새로운 눈을 바라보기 위해서는 어떤 점을 고려하면 좋을까요?"

빈 의자 체험 상황카드

아침 자율학습시간이다. 아침 햇살이 따갑게 들어와서 눈이 부셔 책을 볼 수가 없다. 창가에 앉은 친구에게 커튼을 쳐달라고 말을 했는데 들은 척도 안 한다. 두 번 세 번 말했는데도 꿈쩍도 안 한다. 날 무시하는 건지 화가 치밀어 오른다. 당장 놈에게 가서 내 주먹맛을 보여줘야겠다.

학교 운동장에서 동아리 후배가 놀고 있었다. 평소에 나를 싫어하는 것 같더니 그날도 어김없이 나를 째려보는 것이다. 참을 수 없어 따라 오라고 해서 학교 외진 곳으로 데리고 가 혼쭐을 내줘야겠다.

쉬는 시간에 나는 친구들과 도미노 게임을 하고 있었다. 교실 뒤에서 하나하나 쌓아 가고 있는데 갑자기 운동장에서 놀다가 뛰어 들어온 경수가 헉헉대며 지나가면서 나를 밀쳐서 그만 도미노가 다 무너지고 말았다. 몇 분 동안 만든 도미노인데 다 망가져버렸다.

네 번째 시간

오늘은 뭘 배웠나요?

이번 시간에는 친구들의 입장을 새로운 시각으로 이해하는 방법에 대해서 배웠습니다. 일 주일 동안 학교나 학원, 가정에서 친구들의 행동으로 기분이 좋지 않았던 일이 있었 는지 적어보고, 이때에 이번 시간에 배운 질문들을 활용하여 새로운 시각으로 친구들을 바라 보며 친구를 이해하려고 노력해보고 그 결과가 어땠는지를 적어보세요.

번호	날짜	어떤 문제로 기분이 좋지 않았나요?	다음의 질문을 고려하여 다른 시각으로 이해해보자	친구를 어떻게 이해할 수 있었나요?
1				
2				
3				

다음 시간에 자신이 경험한 것을 발표해봅시다.
과제를 적어 오고 발표를 하면 스티커를 2배로 줍니다. 파이팅~!!

분노 다스리기 I

목표

- 부정적 감정을 느꼈을 때의 자신을 인식한다.
- 분노 조절의 필요성을 인식한다.
- 부정적 감정을 해소할 수 있는 방법을 모색하고 이를 적절히 다루는 기술을 연습한다.

준비물

- 활동지 : 감정 온도계
- 활동지 : 분노 대처 방법 나무 만들기
- 활동지 : 잠깐맨 되기
- 활동지 : 〈이웃집 토토로〉 동영상(4분)
- 활동지 : 몬스터 훈련
- 활동지 : 형사 콜롬보
- 활동지 : 오늘은 뭘 배웠나요? (다섯 번째 시간)

도입

① 〈주무르기〉 게임을 실시한다.

"자, 우리 이렇게 같이 모였으니 간단하게 게임 하나 하고 시작할까요?"

ㄱ. 동그랗게 앉거나 혹은 한쪽 방향으로 앉아서 자기 앞사람의 어깨를 주무르게 한다.

ㄴ. 등을 주무르는데 단계를 넣어서 주무른다. 10부터 100까지 있는데 숫자가 커질수록 강도가 세진다. 10, 20, 70, 100 식으로 숫자를 불러준다.

ㄷ. 방향을 바꾸어 앉게 한 다음 다시 실시한다.

② 지난주에 해 왔던 숙제를 돌아가면서 발표하면서 지난 시간을 간단하게 복습한다.

③ 이번 시간 내용에 대한 오리엔테이션을 갖는다.

"지난 시간에 해 온 여러분들 숙제를 보니까 여러분이 주변 친구들로부터 따돌림을 당하기도 하고 놀림을 당하는 '학교 폭력'에 많이 노출되어 있다는 것을 알 수 있었어요. 여러분은 그런 상황에서 어떤 감정을 느끼나요? (아동들의 대답을 듣는다) 그래요. 우리는 화를 내는 것은 나쁘다고 생각하지만 그렇지 않아요. 이런 상황에서 화가 나는 것은 너무나 당연하고 정당한 거예요. 다만, 이것을 어떻게 표출하는지는 다른 문제가 되겠지요. 주변에서 화를 참지 않고 그대로 표출하는 사람을 본 적이 있나요? (아동들의 대답을 듣는다) 같이 있고 싶지 않고 피하고 싶죠. 왜 화를 내는지 이해도 쉽게 가지 않았을 거예요. 같이 더 화가 나기도 했었을 거예요. 그래서 화를 잘 표현하는 것이 너무나 중요해요."

④ 이번 시간 내용을 시작한다.

"이번 시간에는 분노를 다스리는 법을 배워보겠어요."

내용

1. 감정 조절의 필요성 인식하기

① 감정 온도계에 대하여 소개한다.

"우리가 정말 화날 때 '열 받는다'는 말을 하지요. 왜 그럴까요? 우리 감정도 온도계처럼 올라갔다 내려갔다 한다는 점에서 비슷한 점이 있지요. 즉 우리 감정에도 온도계가 있답니다."

② 〈활동지 : 감정 온도계〉를 앞에 붙여 놓고 각 온도에 적절한 감정들을 구분해보도록 한다.

"감정 온도계는 0도에서 100도로 되어 있어요. 우리가 화가 나지 않고 편안한 상태는 0도예요. 그리고 너무나도 화가 나서 물건을 던지고 누군가를 때리고 싶어지는 상태로 참을 수 없어 폭발해버리는 상태는 100도가 되겠지요. 자, 그렇다면 50도, 25도, 75도는 어떤 상태일까요?"

③ 지난 시간에 숙제로 적어 온 각자 겪었던 학교 폭력 상황과 그 상황에서 느꼈던 감정을 적

어보도록 한다.

"그러면, 여러분이 숙제로 가져온 것을 가지고 그 상황에서 자신의 감정은 몇 도 정도였는지 한번 적어볼까요?

④ 각자 적은 것 중에서 100도에 해당하는 것이 있었는지 발표해보도록 한다. 그리고 아동들이 화가 날 수 있었던 상황이라는 것을 충분히 공감해준다.

"100도까지 화가 났을 때가 언제였나요? (아동들의 대답을 듣는다) 그래요. 정말 ○○와 같은 상황이라면 화가 날 수 있었을 것 같아요."

⑤ 각자 100도에 해당하는 상황이 어떤 것인지, 그 당시에 어떻게 행동했는지 알아보고 그 결과가 어떠했는지에 대해서도 발표해보도록 한다.

"그럴 때 여러분들은 어떻게 행동했나요?"

〈주의〉 나올 수 있는 대답의 예는 다음과 같으나 다음과 같은 대답을 자발적으로 이끌어내지 못할 경우 다음의 예를 예시로 제시하여 이러한 경우가 있었다면 손을 들어보도록 한다.

> 화가 폭발하여 소리를 지르게 된다.
> 주먹을 꼭 쥐게 된다.
> 머리에서 김이 나는 것 같다.
> 울음이 나올 것 같다.
> 머리에 아무 생각도 안 떠오른다.
> 모두가 보기 싫고 밉다는 생각이 든다.
> 물건을 던지고 싶어진다.
> 누군가를 때리고 싶어진다.
> 내가 바보 같기만 해서 아무것도 할 의욕이 생기지 않는다.
> 친구들을 피하고 싶어진다.

⑥ 분노 조절에 대한 잘못된 대처 방법을 크게 두 가지(무조건 참는다/있는 그대로 폭발시킨다)로 나누어 그에 대한 결과를 예측해보도록 한다. 실제 분노를 참지 못하고 폭발시킨 이후에 어떤 결과가 있었는지 각자의 사례를 발표해보도록 한다.

"그 결과는 어떻게 되었나요? 화가 100도가 되었을 때 무조건 참았다는 친구도 있고, 있는 그대로 폭발했다는 친구도 있네요. 무조건 참으면 어떨까요? (아동들의 대답을 듣는다) 참았던 화가 풀리지 않고 결국 나중에 화가 폭발하기도 하고, 괜히 엉뚱한 사람에게 짜증을 내기도 하게 될 것 같아요. 또 그냥 있는 그대로 폭발했을 때는 어떨까요? (아동들의 대답을 듣는다) 무엇보다 내 기분은 어떻게 되었나요? 화를 폭발시키고 나면 내 기분이 좋아지던가요? (아동들의 대답을 듣는다) 순간적으로는 후련한 기분이 들 수도 있겠지만 상대방과의 관계는 어떻게 되었나요? (아동들의 대답을 듣는다) 상대방의 기분이 언짢아지고 껄끄러워지고 갈등이 커지기도 하겠죠."

⑦ 감정을 조절하는 것이 왜 필요한지에 대해 인식시킨다.

"자, 무조건 참거나 감정을 폭발시키는 두 가지 경우 모두 내가 왜 화가 났는지 전달할 수 있었나요? (아동들의 대답을 듣는다) 만약 화가 100도까지 나 있을 때 내 생각을 전달하면 어떨까요? 화라는 감정 때문에 흥분을 해서 제대로 전달할 수 없겠지요. 따라서 화를 어느 정도 가라앉혔을 때 내 생각을 전달하는 것이 가장 효과적일 거예요. 우리 마음을 상대방에게 표현하고 우리가 원하는 바를 전달하기 위해서는 화를 가라앉혀야 해요. 우리 마음을 가장 잘 표현할 수 있는 온도는 몇 도일까요? 50도 정도면 괜찮을까요?"

2. 부정적 감정 다루는 방법 익히기 (1)

① 부정적인 감정들을 조절할 수 있는 방법들을 소개한다.

"그러면 우리 감정 온도계의 온도를 50도로 낮출 수 있는 방법에는 어떤 것이 있을까요?"

② 각자 자기만의 방법을 돌아가면서 발표해보도록 한다. 〈활동지 : 분노 대처 방법 나무 만들기〉를 칠판에 붙여두고 아동들이 발표한 내용 중 적절한 내용을 적어두도록 한다.

• 예시 : 음악 듣기, TV 보기, 노래 부르기, 운동하기 등

"여러분이 화가 나는 상황에서 감정을 다스리는 방법들을 잘 생각해주었어요. 때로는 한 가지 방법만으로는 화가 가라앉지 않을 수 있으니 그럴 때는 여러 가지 방법을 차례로 활용해야만 감정이 가라앉을 수도 있겠지요."

③ '잠깐맨 되기'를 설명한다.

"자, 이번에는 선생님이 알고 있는 방법을 하나 소개해볼게요."

④ 잠깐맨 되기는 온도계가 올라갈 상황에서 '잠깐~!!' 하고 외치고 속으로 1부터 10까지 세는 방법임을 설명하면서 〈활동지 : 잠깐맨 되기〉를 함께 보며 전체 학생이 같이 연습해보도록 한다. 치료자가 시연해 보인 뒤 학생들도 다 같이 따라 할 수 있도록 연습을 한다.

⑤ 성공적으로 화를 다스린 뒤에는 다음과 같이 스스로에게 칭찬을 하도록 하며, 다 같이 큰 소리로 다음의 말을 따라 해보도록 한다.

> ### "내 감정을 잘 다스릴 수 있었다니, 정말 잘한 일이야!"

〈주의〉 위의 말을 회기 내에서 자주 사용하여 아이들이 이를 암기할 수 있도록 한다. 각 역할 연기 끝에 반드시 위의 문구를 삽입하여 활용하도록 한다.

3. 부정적 감정 다루는 방법 익히기 (2)

① 이후에도 화가 가라앉지 않을 때는 이완 요법을 실시한다. 이완 요법은 〈활동지 : 몬스터 훈련〉 방법을 사용하여 시행해본다.

② 만화영화 〈이웃집 토토로〉를 4분 정도 보여준다. 그러고 난 뒤 〈활동지 : 몬스터 훈련〉을 하나씩 제시하면서 이완 요법에 대하여 설명한다.

"자, 어떤가요? 기분이 울적할 때 혹은 화가 날 때 방금 봤던 만화영화의 토토로처럼 조용하고 편안한 숲 속에서 바람을 타고 하늘을 나는 상상을 하면 한결 긴장이 풀어지고 기분이 좋아질 수 있을 거예요. 한번 해볼까요?"

③ 눈을 감고 이완 요법 지시문을 읽어주면서 실제로 이완하는 훈련을 해본다.

> 나는 숨을 깊이 들이쉽니다.
> 나는 숨을 천천히 쉬면서 수 초 동안 숨을 멈추고 다시 서서히 내쉽니다.
> 나는 발의 근육에 정신을 집중합니다.
> 나는 발의 근육에 팽팽하게 힘을 주고, 약 10초 동안 그 상태를 유지했다가 서서히 힘을

뺍니다.

나는 발끝에서부터 몸 전체를 위로 올리면서 팽팽하게 힘을 주었다가 서서히 힘을 뺍니다.

이제 나는 고요하고 따뜻한 숲 속에 있습니다.

나는 나뭇잎 우산을 만들어 하늘로 떠오릅니다.

나는 하늘을 가볍게 날고 있습니다.

나는 마음이 가벼워집니다.

이제 바람이 잠잠해집니다.

나는 이제 기분이 좋아집니다.

④ 실제 기분이 어떠했는지 들어보도록 한다.

"여러분, 이완 요법을 해보니 어떤가요? 기분이 좋아지고 편안해졌나요? 화가 나는 상황에서 잠깐맨을 외친 뒤 몬스터 훈련을 하면 기분이 한결 가벼워질 수 있을 거예요."

4. 부정적 감정 다루는 방법 익히기 (3)

① 감정을 낮추고 난 뒤 왜 화가 났는지를 생각해보도록 한다.

"자, 감정을 가라앉히고 난 뒤에는 무엇을 해야 할까요? 우리가 감정을 낮춘 이유는 우리가 왜 화가 났는지를 상대방에게 이야기하기 위한 거예요. 왜냐하면 화가 나는 상황이 반복해서 일어나지 않게 해야 할 테니까요. 자, 그러면 다음으로 우리는 왜 그 상황에서 화가 났는지를 잘 생각해봐야겠죠?"

② 〈활동지 : 형사 콜롬보〉를 제시하여 화가 난 이유를 찾아내는 질문을 큰 소리로 따라 하도록 한다.

"화가 어느 정도 가라앉고 나면 내가 무엇 때문에 화가 났는지 이유를 찾기 수월해져요. 자, 이제 여러분은 내가 화가 난 이유를 찾기 위해 형사 콜롬보가 되어야 해요. 여러분은 형사 콜롬보에 대해서 알고 있나요? 영화나 만화에서 보면 형사 콜롬보는 어떤 상황에서도 당황하지 않고 항상 침착하게 상황을 따져 가기 때문에 결국 문제를 잘 해결하지요.

형사 콜롬보라면 화가 나는 상황에서 뭐라고 말했을까요? (아동들의 대답을 듣는다) 네, 맞아요. '나는 무엇 때문에 화가 날까?'라고 스스로에게 물어보겠지요? 자, 그러면 위 질문으로 원인을 찾게 되면 그다음에는 차분하게 상대방에게 내 생각을 전달하거나 그 외 다른 방법으로 문제를 해결해야 합니다. 어떻게 상대방에게 내 의견을 전달하고 문제를 해결할지에 대해서는 다음 시간에 배울 기회가 있을 거예요."

 ● 나는 무엇 때문에 화가 나는 것인가?

③ 각자 숙제로 적어 온 상황에서 왜 화가 났었는지 각자 자신만의 이유를 적어보도록 한 뒤 돌아가면서 발표를 해보도록 한다.

④ 아이들이 발표를 할 때 아이들이 화가 났던 이유에 대하여 충분히 공감을 표현해주도록 한다.

정리 및 평가

① 프로그램 내용을 정리하고 이 시간을 통해 느낀 점을 간단히 이야기한다.

② 다음 시간을 간단하게 소개하고 마친다.

숙제

한 주 동안 화가 났던 상황이 있었는지 적어보고 그 상황에서 어떤 방법으로 감정을 조절했으며 각 상황에서 내가 적용한 방법으로 화가 얼마나 감소했는지 〈활동지 : 오늘은 뭘 배웠나요? (다섯 번째 시간)〉에 적어 오도록 한다.

감정 온도계

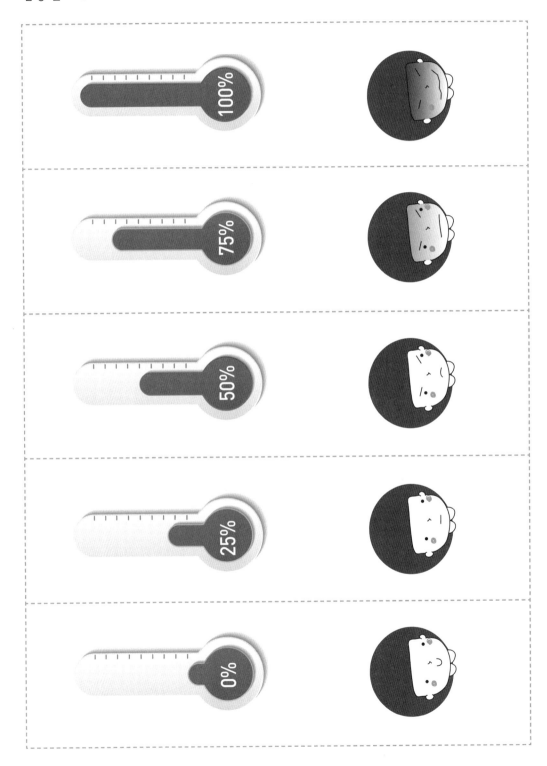

분노 대처 방법 나무 만들기

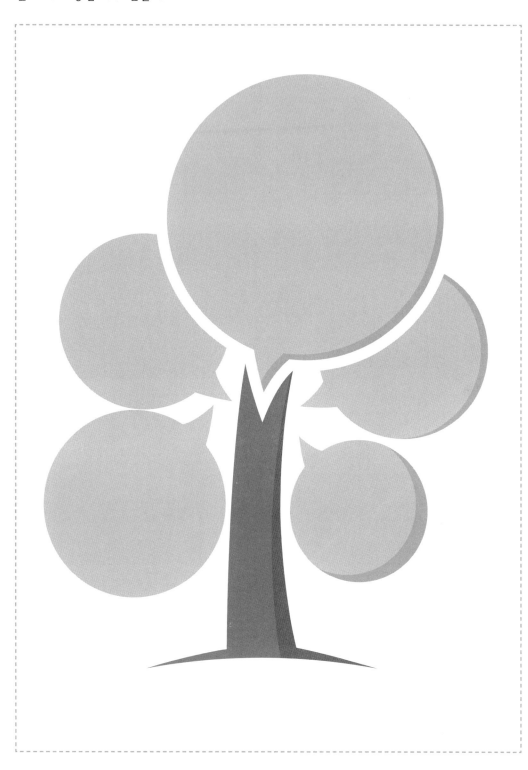

잠깐맨 되기

몬스터 훈련

형사 콜롬보

다섯 번째 시간

오늘은 뭘 배웠나요?

이번 시간에는 분노를 다루는 방법에 대해서 배웠습니다.
다음의 분노 일지를 작성해 오세요.

상황

상황을 읽고 든 감정은?

감정의 강도는?

내가 선택한 분노 조절 방법은?

감정의 강도는 어떻게 변했나요?

6회기

분노 다스리기 Ⅱ

목표

- 분노를 유발하는 분노 뒤에 숨어 있는 욕구를 찾아본다.
- 나의 욕구를 충족시킬 수 있는 적절한 대처법을 찾아본다.

준비물

- 활동지 : 숨겨진 욕구 사례
- 활동지 : 화 뒤에 숨어 있는 나의 속마음
- 활동지 : 만화 상황카드
- 활동지 : 숨겨진 욕구 찾기
- 활동지 : 오늘은 뭘 배웠나요? (여섯 번째 시간)

도입

① 〈이웃을 사랑하십니까〉 게임을 진행한다.

ㄱ. 술래가 한 사람에게 다가가 '이웃을 사랑하십니까'라고 물으면, 상대방은 '예' 혹은 '아니요'라고 말한다.

ㄴ. '예'라고 말하면 대답을 하는 사람 좌우에 있는 사람이 얼른 자리를 바꾸고 그 사이 술래도 앉는다.

ㄷ. 이때 자리에 앉지 못하는 사람이 또 다른 술래가 된다.

ㄹ. '아니요'라고 말하면 다시 '어떤 이웃을 사랑하십니까?'라고 묻고 '이러이러한 이웃을 사랑합니다'라고 대답하면, '이러이러한 이웃'은 모두 자리를 바꾸어야 한다. 질문은 '잘생겼다고 생각하는 이웃', '단짝 친구가 있는 이웃', '안경을 낀 이웃' 등 여러 가지가 될 수 있다.

ㅁ. 자리에 앉지 못한 이웃이 술래가 된다.

② 지난 시간을 떠올리며 배웠던 내용을 기억하는지 확인하고 이번 시간 내용에 대해서 설명해준다.

"이번 시간에는 친구들 사이에서 감정이 상하거나 갈등이 생기는 원인을 배워보는 시간을 가져볼 거예요."

내용

1. 분노 뒤에 숨어 있는 속마음 찾기

① 화가 난다는 것의 의미에 대하여 이해시켜준다.

"우리는 보통 '그 애 때문에 화가 나', '걔가 그렇게 해서 화가 나'라고 말해요. 하지만 내가 화가 난다는 것은 다른 사람 때문이 아닙니다. 화가 난다는 것은 내가 바라는 것이 채워지지 않았다는 것을 의미해요. 화를 내는 것은 화내는 우리에게 원인이 있어요."

② 다음의 예를 들어 구체적으로 설명을 해준다.

"만약에 내가 친구와 마트 앞에서 만나기로 했어요. 그런데 친구가 30분 늦게 온 거예요. 마침 나도 20분 정도 늦은 데다가 도착해서 기다리는 10분 동안은 댄스 공연을 보며 신나게 놀고 있었어요. 이때 30분 늦게 온 친구가 미안하다고 하면 기분이 많이 나쁘겠어요? (아동들의 대답을 듣는다) 그래요. 별로 기분 나쁘지 않을 거예요. 그런데 나는 그런 공연도 매우 싫어하고 다른 할 일도 많기 때문에 친구랑 볼일을 보고 빨리 집으로 가야 해요. 그러면 늦게 온 친구가 아무리 사과를 해도 기분이 어떨까요? (아동들의 대답을 듣는다) 그래요. 같은 상황이라도 내 욕구나 상태에 따라서 화가 나기도 하고 화가 나지 않기도 하지요. 그건 그 친구의 늦는 행동이 문제가 아니라 그 친구의 행동이 내 욕구를 충족시키냐 못 시키냐에 달렸죠."

③ 〈활동지 : 숨겨진 욕구 사례〉를 제시하고 간단하게 설명한다.

"자, 이 그림을 봐주세요. 만화에서 대사나 아니면 사람들의 속마음을 알 수 있게 하기 위해서 이러한 말풍선을 사용하죠. 그런데, 보통 겉으로 이야기하는 것과 속으로만 생각하는 내용은 다르게 표현되는데, 이 둘 중에 어떤 것이 말이고 어떤 것이 속마음인지 구분할 수 있겠어요? (아동들의 대답을 듣는다) 네, 대개 이렇게 굵은 선으로 그려진 말풍선에는 겉으로 드러나는 말을 쓰게 되고, 이렇게 점선으로 그려진 말풍선에는 내 숨겨진 욕구를 적게 됩니다. 점선으로 그려진 말풍선을 숨겨진 욕구 풍선이라고 부르도록 하겠습니다."

④ 다음의 질문을 활용하여 함께 숨겨진 욕구(예 : 내 인사를 받아줬으면 좋겠다, 나를 존중해줬으면 좋겠다)를 찾는 연습을 해본다.

"생각 풍선에 글을 적을 때는 말로 표현한 내용이 나타내는 속마음이 무엇인지, 즉 말하는 사람이 원하는 바가 무엇인지를 잘 생각해야 합니다."

- 이 상황에서 이 아이는 어떤 기분일까요?
- 이 상황에서 이 아이는 왜 그런 기분이 들었을까요?
- 이 아이가 느꼈던 느낌 속에 있는 자기가 진짜 원했던 욕구는 무엇이었나요?
- 주인공이 진짜로 바란 것은 무엇이었나요?

⑤ 다음의 형식을 칠판에 적어준 뒤 적절한 문구를 채워 넣도록 한다.

"이 상황은 다음의 한 문장으로 정리할 수 있어요. 자, _____속에는 무엇이 들어갈까요? 그래요. 앞에는 욕구가 들어가고 뒷부분에는 느낌이 들어가겠죠. 이 형식을 사용하면 생각 풍선에 글을 채워 넣기가 훨씬 쉬워질 거예요."

'나는 _____을 원하기 때문에 _____한 상황에서 화가 난다.'

⑥ 아동들이 적은 반응들을 돌아가면서 들어본 뒤 숨겨진 감정이나 욕구를 찾는 방법을 확실히 이해했는지 확인한다.

⑦ 이런 상황에서 나의 욕구를 충족시키기 위해서는 어떻게 대처해야 할지 생각해보도록 하고 화를 내는 것이 자신의 욕구를 충족시키는 데 도움이 되지 않는다는 것을 주지시킨다.

"만약 '인사를 받지 않은 친구에게 다가가 욕을 하면서 한 대 때린다'와 같이 대처했을 경우 어떤 결과가 나올까요? (아동들의 대답을 듣는다) 그 친구는 이후에 나를 존중해주고 나에게 반가운 마음으로 인사하기보다는 나만 보면 부딪히기 싫어서 피하기 시작할 수 있겠죠. 이 결과는 원래 우리가 원하는 것이었나요? 아니면 정반대의 결과인가요?

"만약 친구에게 달려가서 '내가 인사한 것 못 봤어? 인사하고 지내자.'라고 한다면 어떤 결과가 나올까요? (아동들의 대답을 듣는다) 그래요. 그 친구가 왜 인사를 받지 못했는지 이야기를 듣고 서운한 마음을 풀 수 있고 다음부터는 인사하며 지낼 수 있겠지요. 어떤 방법이 원래 내가 원했던 결과를 가져왔지요?" (아동들의 대답을 듣는다)

⑧ 그 외에도 어떤 다른 감정들이 있는지 알아보기 위하여 〈활동지 : 화 뒤에 숨어 있는 나의 속마음〉을 나누어주고 적절한 욕구카드를 오려서 나누어준 뒤 적절한 곳을 찾아 빈칸에 붙여 넣기를 하도록 한다.

분노 뒤에 꼭꼭 숨어 있는 속마음과 욕구

"내가 잘못했지만 인정하고 싶지 않아. 네 탓이야!"
(죄책감 ⇨ 일을 잘 해내고 싶어)

"나를 함부로 대하거나 나를 비판하는 것은 참을 수 없어! 재수없어!"
(수치심 ⇨ 중요한 사람으로 존중받고 싶어)

"나의 뜻대로 되지 않으니 짜증이 나!"
(좌절감 ⇨ 나의 뜻대로만 하고 싶어)

"주변 사람에게 좋은 일이 있으니까 샘이 나! 미워!"
(시기심 ⇨ 나도 잘해서 인정받고 싶어)

"남을 지배하고 통제해야만 속이 시원해!"
(불안정감 ⇨ 다른 사람들보다 우월하고 싶어)

---

⑨ 화가 나는 상황 뒤에 숨어 있는 내 욕구를 적절하게 찾은 모둠에게 스티커를 부여하도록 한다.

⑩ 발표를 하고 화가 났던 진짜 이유를 발견한 뒤 어떤 점을 깨달았는지를 이야기해보도록 하면서, 욕구 찾는 것의 중요성을 다시 한 번 인식시킨다.

"여러분, 화가 나는 진짜 이유를 찾아보니 어떤가요? 화를 내도 내 기분이 풀리지 않고 계속 문제가 남아 있었던 이유가 뭘까요? 나의 욕구를 해소할 수 있는 방법이 아니었기 때문이겠죠. 일을 잘 해내고 싶은 아이가 '화를 낸다'고 해서 일을 잘 해내게 되는 것은 아니에요. 순간적인 해결책이 아니라 정말 내가 원하는 것을 찾아서 그 문제를 해결하는 것이 정말 나의 욕구를 충족시켜줄 수 있는 현명한 방법입니다. 따라서 내가 원하는 것이 무엇인지 아는 것은 중요해요. 내가 진정 원하는 결과를 얻기 위해서는 분노를 유발하는 내 진짜 감정이 무엇인지를 아는 것이 중요합니다."

2. 숨겨진 속마음 찾기 연습하기

① 전체 아동을 대상으로 〈활동지 : 만화 상황카드〉를 제시한 뒤 빈칸에 들어갈 내용들을 의논하여 대사를 채워 넣도록 한다. 이를 통해서 아동들은 상대방의 감정이나 입장을 읽는 연습을 하게 된다.

"자, 여러분에게 나누어준 종이는 어떤 상황을 설명하고 있어요. 만화의 내용을 읽고 주인공이 되었다고 생각하고 상대방의 행동 뒤에 숨겨져 있는 감정이 무엇인지 생각해보세요. 그리고 상대방의 감정을 말풍선 안에 적어보세요."

② 적절한 멘트를 발표하도록 한다. 좋은 문구를 사용하여 적절한 멘트를 만든 아동에게는 스티커를 부여한다.

③ 모둠별로 〈활동지 : 숨겨진 욕구 찾기〉를 제시한 뒤 빈칸에 들어갈 내용들을 의논하여 대사를 채워 넣도록 한다. 이를 통해서 아동들은 각 갈등 상황에서 숨겨진 감정이 무엇인지 찾아보는 연습을 하게 된다.

"자, 여러분에게 나누어준 종이에는 어떤 상황을 설명하고 있어요. 그 상황에서 주인공이 원하는 바가 무엇인지를 찾아내어 숨겨진 욕구 풍선 안에 적어보세요. 생각 풍선에 글을 적을 때는 말로 표현한 내용이 나타내는 속마음이 무엇인지, 즉 말하는 사람이 원하는 바가 무엇인지를 잘 생각해야 합니다."

사례 1의 감정

예 : 강하게 보이고 싶다/ 화를 풀고 싶다

사례 2의 감정

예 : 친구들로부터 인정받고 싶다/ 나를 존중해줬으면 좋겠다/ 부모님이 나를 신경써주었으면 좋겠다

사례 3의 감정

예 : 친구보다 더 인정받고 싶다/ 아이들로부터 주목받고 싶다/ 예쁜 옷을 입고 싶다

사례 4의 감정

예 : 나도 발표를 잘하고 싶다/ 아는 것이 많았으면 좋겠다

④ 모둠별로 논의를 해서 작성이 끝나면, 모둠별로 발표자를 뽑아 발표를 하도록 하고 내용을 잘 발표한 모둠에게는 스티커를 부여한다.

⑤ 새롭게 알게 된 점이 있는지, 실제 이와 비슷했던 경험이 있었는지 발표해보도록 한다. 내 욕구 때문에 상대방에게 부당하게 화를 내고 있다는 것을 알고 나서 깨닫게 된 점이 있는지 소감을 나누어본다. 실제 친구들과의 관계에서 그랬던 적은 없었는지 생각해보도록 한다.

3. 분노 대처법 찾기

① 〈활동지 : 숨겨진 욕구 찾기〉의 예를 가지고 화를 낼 경우 어떤 결과를 얻게 될지 생각해보도록 한다.

"자, 2번 사례에서 주인공은 부모님이 나를 신경써주지 않고 아이들이 나를 인정하지 않는다고 생각해서 다른 아이에게 화풀이를 하면서 괴롭히는 방법을 선택했어요. 이 아이가 원했던 것은 무엇이죠? (아동들의 대답을 듣는다) 아이들로부터 존중받는 것이었어요. 그리고 부모님으로부터 사랑을 받고 싶은 것이었지요. 다른 아이들을 심부름 시키고 아이들을 괴롭힌다면 아이들은 어떻게 반응을 보일까요? 반 아이들은 주인공을 '반장'으로서 존중하고 '멋진 아이'라고 생각을 할 수 있을까요?" (아동들의 대답을 듣는다)

② 각 사례의 주인공들이 자신들이 원하는 결과를 얻기 위해서 어떻게 대처해야 할지 각 모둠별로 생각해서 발표해보도록 한다.

"자, 여러분, 여러분이 찾았던 다음 상황에서 주인공이 원했던 것을 얻기 위해서는 어떻게 해야 할까요?"

③ 적절한 내용으로 잘 발표한 모둠에게 스티커를 부여한다.

정리 및 평가

① 오늘 시간을 통해 어떤 점을 느꼈는지 소감을 들은 후 내용을 정리한다.

② 다음 시간 내용을 간단히 소개한 뒤 회기를 마친다.

숙제

〈활동지 : 오늘은 뭘 배웠나요? (여섯 번째 시간)〉을 나누어주고 일주일간 화가 나는 상황을 적고 그 상황에서의 나의 숨겨진 욕구와 감정, 그 상황에서 나의 욕구를 충족시키기 위해서 사용한 적절한 대처법은 무엇이었는지 그리고 결과가 어떠했는지 적어 오도록 한다.

숨겨진 욕구 사례

화 뒤에 숨어 있는 나의 속마음

"내가 잘못했지만 인정하고 싶지 않아. 네 탓이야!"

죄책감	욕구

"나를 함부로 대하거나 나를 비판하는 것은 참을 수 없어! 재수없어!"

수치심	욕구

"나의 뜻대로 되지 않으니 짜증이 나!"

좌절감	욕구

"주변 사람에게 좋은 일이 있으니까 샘이 나! 미워!"

시기심	욕구

"남을 지배하고 통제해야만 속이 시원해!"

불안정감	욕구

만화 상황카드 Ⅰ

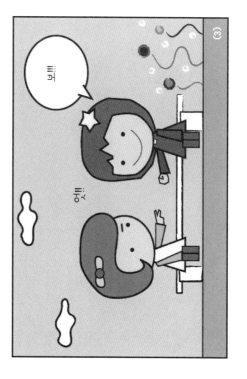

만화 상황카드 II

만화 상황카드 Ⅳ

숨겨진 욕구 찾기 I

연예인이 되는 것이 꿈인 친구, 연예인이 되고 싶어 예쁜 포즈를 취하며 연습을 한다. 연예인 시험을 봤지만 떨어져서 속상하다. 예쁘고 튄다며 지나가는 언니들에게 한 대 맞았다. 너무 짜증이 나서 기분을 풀기 위해 지나가는 아이를 잡아 한 대 때리면서 다음과 같이 말했다.

한 번 맞아봐라

나의 욕구

'나는 _____ 을 원하기 때문에

_____ 한 상황에서

_____ 을 느낀다.'

바람직한 대처법

반장인 나는 집에서 부모님은 일이 바빠 신경을 써주지 않는다. 반장이 되었으면 음식을 돌려야 하는데 음식도 돌리지 않는다면서 아이들로부터 무시를 당한다. 그 이후부터 아이들이 다 무서워하는 친구들과 어울리자 아이들이 나를 무시하지 못하는 것 같아 아이들에게 폭력을 휘두르기 시작했다. 오늘은 나를 무시했던 친구를 괴롭히기로 작정해서 심부름을 시켰다.

나의 욕구

'나는 _____ 을 원하기 때문에

_____ 한 상황에서

_____ 을 느낀다.'

바람직한 대처법

우리 반에 예쁘장하게 생긴 친구가 있는데, 체육시간에 운동을 매우 잘해서 아이들의 시선을 받는다. 오늘은 사진을 찍는데 예쁜 옷을 입고 와서 포즈를 연예인처럼 취해 사진사로부터 칭찬을 받기도 했다. 이 장면을 보면서 쑥덕거리던 A는 그 친구를 불러서 한마디 한다.

나의 욕구

'나는 _____ 을 원하기 때문에

_____ 한 상황에서

_____ 을 느낀다.'

바람직한 대처법

나는 오늘 오랜만에 수업 예습을 해 와서 준비를 많이 했다. 그런데 반에서 1등인 한 친구가 오늘 수업시간에 선생님의 질문에 척척 대답을 한다. 항상 내가 발표만 하려고 하면 그 친구가 가로채서 발표를 한다. 재수없다는 생각이 들어서 쉬는 시간에 친구들에게 다음과 같이 말했다.

왜 쟤는 자기 혼자서만 발표하려고 저렇게 설쳐?

나의 욕구

'나는 _____ 을 원하기 때문에

_____ 한 상황에서

_____ 을 느낀다.'

바람직한 대처법

여섯 번째 시간

오늘은 뭘 배웠나요?

이번 시간에는 분노를 다루는 방법으로 분노라는 감정 뒤에 숨어 있는 내 진짜 감정과 욕구를 찾는 법을 배웠습니다. 다음의 분노 일지를 작성해 오세요.

상황

상황을 읽고 든 감정은?

감정의 강도는?

화를 50도로 낮추기 위하여 선택한 분노 조절 방법은?

내가 발견한 나의 화 뒤에 숨어 있는 진짜 욕구는?

내 욕구를 충족시키기 위하여 내가 사용한 대처법은?

감정의 강도는 어떻게 변했나?

분노 다스리기 III

목표

- 분노를 유발하는 비합리적인 사고를 찾아본다.
- 비합리적인 사고를 바꾸는 연습을 통해 분노를 다루는 방법을 배운다.

준비물

- 활동지 : 형사 콜롬보
- 활동지 : 마법의 self-talk
- 활동지 : 비합리적 사고 찾기 연습
- 활동지 : 분노 조절의 3단계
- 활동지 : 사례 연습
- 활동지 : 오늘은 뭘 배웠나요? (일곱 번째 시간)

도입

① 〈풍선 띄워 올리기〉를 한다.

ㄱ. 2명씩 짝을 짓고 풍선을 하나씩 부여한다.

ㄴ. 각 팀은 풍선을 불어 올려 땅으로 떨어지지 않게 해야 한다.

ㄷ. 풍선을 가장 늦게 떨어뜨린 팀이 우승이다.

② 숙제를 각자 발표하도록 한 뒤 칭찬과 더불어 스티커를 부여한다.

③ 이번 시간 내용에 대해서 설명해준다.

"이번 시간에는 우리를 화나게 하는 비합리적 사고를 찾는 방법을 배워볼 거예요."

1. 비합리적 사고 수정하기

① 비합리적 사고가 우리의 감정에 미치는 영향에 대하여 간단하게 설명한다.

"화가 나는 이유를 찾을 때 명심해야 할 한 가지 중요한 것이 있어요. 일반적으로 우리는 우리가 화가 나는 이유가 다른 사람에게 있다고 생각을 해요. '○○가 ~해서 화가 났어' 라고요. 하지만 그렇지 않은 경우도 있어요. 자세히 살펴보면 어떤 사건이나 사람 때문이 아니라 그 사건에 대해 내가 가지고 있는 생각 때문에 화가 나거나 기분이 나빠지는 경우도 있어요. 이걸 우리는 앞으로 '삐~'라고 부를 거예요."

② '분노의 ABC'에 대하여 설명한다. 다음의 도표를 그린 뒤 B('삐~'), 즉 잘못된 생각의 역할에 대하여 설명해준다.

A   —   B

(누가 나를 밀었다)   —   (화가 난다)

A   —   B   —   C

(누가 나를 밀었다)   —   (나를 무시하는구나)   —   (화가 난다)

"자, 이 도표를 보세요. 누가 밀었다는 사건이 있을 때 화가 난다고 생각해봅시다. 우리는 누가 밀었기 때문에 당연히 화가 난다고 생각을 하지만, 사건과 우리의 감정 사이에는 나도 모르게 '저 아이가 나를 함부로 대한다', '나를 무시한다', '나에게 덤빈다', '내게 도전한다'와 같은 순간적으로 스치는 생각 때문에 화가 나는 것이지요."

③ 화가 나는 상황에서 이런 생각이 드는 것이 왜 잘못된 생각인지를 설명한다.

"이런 생각이 옳을 때도 있지만 대부분은 순간적으로 갑작스럽게 떠오른 생각이기 때문에 잘못된 판단일 경우가 많습니다. 이를테면 위의 경우 누가 나를 밀쳤을 때 일부러 민 것이 아니라 발을 헛디뎌서 쓰러지면서 밀치게 된 것일 수도 있어요. 잘 생각해보면 몸의 중심을 잃어서 넘어지다가 단순히 밀친 것뿐인 행동인데 상대방이 나를 미는 순간 순간적으로 내 감정을 상하게 하려는 고의적인 행동이라고 생각하게 돼서 상대방에게 울컥 화를 내게 될 수 있는 거죠. 결국 상대방의 기분도 상하게 하고 싸움에 휘말리게 되는 결과만을 낳게 되는 상황에 처하게 되는 거예요. 그렇기 때문에 우리는 이 생각들을 올바른 생각으로 고쳐야 해요."

④ 〈활동지 : 형사 콜롬보〉를 제시하여 비합리적인 사고를 찾아내는 질문을 큰 소리로 따라하도록 한다.

"자, 어떻게 하면 이런 잘못된 생각을 올바른 생각으로 바꿀 수 있을까요? 지난 시간처럼 형사 콜롬보 아저씨의 도움을 받으면 돼요. 형사 콜롬보처럼 '무슨 생각 때문에 화가 나는 걸까? 내 생각에 잘못된 부분은 없을까?', '상황을 다르게 볼 수 없을까?', '다른 이유는 없을까?'라고 차분하게 생각해보면 잘못된 내 생각을 찾을 수 있어요."

'무슨 생각 때문에 화가 나는 것인가?' '내 생각에 '삐~' 소리 나는 생각은 없는가?'

⑤ 다음의 예를 읽어주고 '형사 콜롬보의 질문'을 사용하여 비합리적인 사고(예 : 나쁜 녀석! 나와의 약속을 어기다니 참을 수 없어/이 친구가 나를 어떻게 보고 늦는 거야)를 찾아보는 연습을 해보도록 한다.

약속시간이 한참 지났는데도 친구가 약속 장소에 나타나지 않아 화가 난다.

"자, 이 상황에서 주인공의 비합리적인 생각인 '삐~'는 무엇일까요? 숨어 있는 '삐~'를 찾아보세요."

⑥ 비합리적이라고 생각한 이유와 근거에 대해서도 이야기해보도록 한다. 생각을 잘 정리해서 발표할 경우 스티커를 부여한다. 그리고 위의 비합리적인 사고를 합리적인 사고(예 : 무슨 일이 생겼나 보다, 조금만 기다려보자)로 바꾸어보도록 한다.

⑦ 비합리적인 사고를 합리적인 사고로 바꾸어주는 것이 바로 '마법의 self-talk'이다. 비합리적 사고를 합리적 사고로 바꾸어주는 〈활동지 : 마법의 self-talk〉를 제시하고 나누어주어 아이들에게 적절한 문구를 선택할 수 있도록 도울 수 있다.

⑧ 〈활동지 : 비합리적 사고 찾기 연습〉을 제시한 뒤 비합리적 사고를 찾아서 합리적인 사고로 바꾸는 연습을 해보도록 한다. 적절한 내용으로 수정할 수 있도록 아동들의 답안지를 꼼꼼히 점검해준다.

2. 종합 및 사례 적용하기

① 〈활동지 : 분노 조절의 3단계〉를 제시한 뒤 분노를 조절하는 방법을 정리해준다.

"자, 오늘까지 배운 내용을 이렇게 정리할 수 있어요. 화가 100도까지 올랐을 때는 빨간불인 상태예요. 이 상태에서 여러분은 잠깐맨이 되어야 해요. 그래서 화를 50도 정도로 낮추고 나면 그때가 노란불이 되는 거예요. 노란불이 켜지면 그때는 형사 콜롬보가 되어 화가 난 이유를 꼼꼼히 생각해보게 되는 거죠. 왜 내가 화가 났는지, 내 잘못된 생각 때문에 화가 난 것은 아닌지, 나의 숨겨진 욕구 때문에 화가 난 것은 아닌지 잘 생각해봐야 해요. 그래서 내가 화가 난 원인을 찾게 되면 그때는 파란불이 켜지게 되는 거예요. 파란불이 켜지면 마법의 self-talk를 사용하거나 상대방에게 내가 화가 난 이유를 이야기하며 내 의견을 이야기하거나 혹은 그 외의 다른 해결 방법을 결정하여 문제를 해결할 수 있어요."

빨간불	잠깐맨이 되어 화를 가라앉힌다.
노란불	형사 콜롬보가 되어 화가 난 이유를 생각해본다.
파란불	해결 방법을 결정하고 문제를 해결한다.

② 모둠별로 〈활동지 : 사례 연습〉을 나누어준다. 카드 상황을 읽고 상황에서 유발되는 감정과 감정의 강도를 적고 적절한 문제 해결 방법이 무엇인지 모둠별로 생각해보도록 한다.

③ 모둠별로 나와 발표하도록 한 뒤 각 방법이 감정을 가라앉히는 데 적절했는지, 문제 해결 방법이 효과적이었는지를 평가해보도록 한다.

④ 내용을 잘 정리하여 발표한 모둠을 아동들의 박수 소리로 평가하도록 하여 가장 박수 소리가 큰 모둠에게 스티커를 부여한다.

정리 및 평가

① 프로그램 내용을 정리한 후 이 시간을 통해 느낀 점에 대하여 한 사람씩 소감을 듣는다.

② 다음 시간에 대해서 설명하면서 마친다.

숙제

〈활동지 : 오늘은 뭘 배웠나요? (일곱 번째 시간)〉을 나누어주고 일주일간 화가 나는 상황을 적고 그 상황에서의 나의 숨겨진 욕구와 감정, 그 상황에서 나의 욕구를 충족시키기 위해서 사용한 적절한 대처법은 무엇이었는지 그리고 분노를 유발하는 비합리적인 사고는 어떤 것이 있었는지 적어 오고, 어떤 마법의 self-talk를 적용했는지 적고 그 결과가 어떠했는지 적어 오도록 한다.

형사 콜롬보

마법의 self-talk

사람들이 내가 원하는 대로 행동해야 한다는 것은 잘못된 생각이야.	모든 것이 다 내 뜻대로 될 수는 없어. 이 상황을 받아들이자.
짜증 낼 필요 없어. 단지 해결해야 할 문제가 생긴 것뿐이야.	전에 했던 것처럼 이번 일도 잘 해결할 수 있어.
나를 비롯한 어느 누구도 완벽하지 않아.	나는 좋은 사람이야.
나는 친구가 욕해도 같이 욕하지 않아.	세상이 항상 공정한 것은 아니야. 모든 사람이 항상 공정한 대우를 받는 것도 아니야.
내가 꼭 최고가 될 필요는 없어.	나도 많은 장점이 있어.
부러운 감정은 당연한 것이야. 나를 발전시킬 수 있는 자극이 될 거야.	내 생각이 틀릴 수도 있어.
여기서 화를 내면 상대방은 귀를 닫을 거고 그러면 내 마음을 알리기 어려워질 거야.	있는 그대로의 나의 모습도 괜찮아.

비합리적 사고 찾기 연습

나와 가장 친한 친구가 점심시간에 내 옆에 앉지 않았다. 나에게 기분이 나쁘거나 내가 싫어진 거라는 생각이 들었다. 나를 따돌리려는 것은 아닐까란 생각도 들어 기분이 나빴다.

새로 전학 온 친구가 체육시간에 줄넘기를 1등을 한다. 전학 오자마자 튀어서 인기를 얻으려고 한다. 내 자리를 빼앗으려고 한다. 기분 나쁘고 화가 난다.

아이들이 나더러 다른 친구를 괴롭히는 일을 같이 하자고 말한다. 친구들이 하자는 대로 하지 않으면 나를 따돌릴 거야. 무섭고 두렵다.

한 친구가 '병신'이라며 나를 놀린다. 옆에 있는 친구들도 가만히 쳐다만 보고 있다. 아이들은 다 나를 싫어하는 것 같다. 나는 형편없는 사람이다.

비합리적 사고 찾기 연습 (계속)

나와 가장 친한 친구가 점심시간에 내 옆에 앉지 않았다. 나에게 기분이 나쁘거나 내가 싫어진 거라는 생각이 들었다. 나를 따돌리려는 것은 아닐까란 생각도 들어 기분이 나빴다.

그 친구가 내 옆에 앉지 않았다고 해서 나를 좋아하지 않는 건 아니야.
다른 이유가 있을지도 모르니 이유를 물어보자.

새로 전학 온 친구가 체육시간에 줄넘기를 1등을 한다. 전학 오자마자 튀어서 인기를 얻으려고 한다. 내 자리를 빼앗으려고 한다. 기분 나쁘고 화가 난다.

새로 전학 온 친구는 그저 열심히 하려고 했던 것뿐이야. 나도 더 열심히 하자.

아이들이 나더러 다른 친구를 괴롭히는 일을 같이 하자고 말한다. 친구들이 하자는 대로 하지 않으면 나를 따돌릴 거야. 무섭고 두렵다.

내게 강요할 권리는 없어.
그 친구들이 내게 심하게 군다고 하더라도 나쁜 일에 동참할 수는 없어.

한 친구가 '병신'이라며 나를 놀린다. 옆에 있는 친구들도 가만히 쳐다만 보고 있다. 아이들은 다 나를 싫어하는 것 같다. 나는 형편없는 사람이다.

한 친구가 나를 놀렸다고 해서 모든 친구들이 나를 싫어하는 것은 아니야.

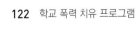

분노 조절의 3단계

빨간불	잠깐맨이 되어 화를 가라앉힌다.
노란불	형사 콜롬보가 되어 화가 난 이유를 생각해본다.
파란불	해결 방법을 결정하고 문제를 해결한다.

사례 연습 I

> 아침 자율학습시간이다. 아침 햇살이 따갑게 들어와서 눈이 부셔 책을 볼 수가 없다. 창가에 앉은 친구에게 커튼을 쳐달라고 말을 했는데 들은 척도 안 한다. 두 번 세 번 말했는데도 꿈 쩍도 안 한다. 날 무시하는 건지 화가 치밀어 오른다.

상황을 읽고 든 감정은?

감정의 강도는?

화를 50도로 낮추기 위하여 선택한 분노 조절 방법은?

부정적 감정을 유발한 생각, 욕구는?

(   ) 비합리적 사고 :

(   ) 숨겨진 감정과 욕구 :

내가 사용한 대처법은?

(   ) 마법의 self-talk :

(   ) 욕구 해소 대처법 :

감정의 강도는 어떻게 변했나?

사례 연습 Ⅱ

엄마가 잠깐 슈퍼마켓에 다녀오시는 동안 동생을 보라고 하셨다. 숙제가 많지만 동생과 함께 놀아주었다. 잠깐 화장실을 다녀오니 동생이 자꾸 바닥에 크레파스로 낙서를 하고 있었다. 엄마가 들어오시자마자 '너는 도대체 동생을 본 거니 안 본 거니?'라며 다짜고짜 화를 내신다. 잠깐 화장실 갔다 온 사이에 일어난 일이라고 말해도 내 말은 믿지 않으신다.

상황을 읽고 든 감정은?

감정의 강도는?

화를 50도로 낮추기 위하여 선택한 분노 조절 방법은?

부정적 감정을 유발한 생각, 욕구는?

(　　　) 비합리적 사고 :

(　　　) 숨겨진 감정과 욕구 :

내가 사용한 대처법은?

(　　　) 마법의 self-talk :

(　　　) 욕구 해소 대처법 :

감정의 강도는 어떻게 변했나?

사례 연습 Ⅲ

쉬는 시간에 나는 친구들과 도미노 게임을 하고 있었다. 교실 뒤에서 하나하나 쌓아 가고 있는데 갑자기 운동장에서 놀다가 뛰어 들어온 경수가 헉헉대며 지나가면서 나를 밀쳐서 그만 도미노가 다 무너지고 말았다. 몇 분 동안 만든 도미노인데 다 망가져버렸다.

상황을 읽고 든 감정은?

감정의 강도는?

화를 50도로 낮추기 위하여 선택한 분노 조절 방법은?

부정적 감정을 유발한 생각, 욕구는?

(   ) 비합리적 사고 :

(   ) 숨겨진 감정과 욕구 :

내가 사용한 대처법은?

(   ) 마법의 self-talk :

(   ) 욕구 해소 대처법 :

감정의 강도는 어떻게 변했나?

일곱 번째 시간

오늘은 뭘 배웠나요?

이번 시간에는 분노를 다루는 방법으로 비합리적인 사고에 대하여 배웠습니다.
이제까지 배웠던 모든 방법을 사용해서 일주일간 나의 분노를 다스리는 연습을 해보겠
습니다. 다음의 분노 일지를 작성해 오세요.

상황
상황을 읽고 든 감정은?
감정의 강도는?
화를 50도로 낮추기 위하여 선택한 분노 조절 방법은?
부정적 감정을 유발한 생각, 욕구는? (   ) 비합리적 사고 : (   ) 숨겨진 감정과 욕구 :
내가 사용한 대처법은? (   ) 마법의 self-talk : (   ) 욕구 해소 대처법 :
감정의 강도는 어떻게 변했나?

8회기

내가 원하는 것은

목표

• 갈등 상황에서 비폭력적으로 내 의사를 전달하는 방법을 배운다.

준비물

• 활동지 : 일곱 가지 말만 해요
• 활동지 : 의사 전달 태도
• 활동지 : 나 전달법 연습지
• 활동지 : 역할연기 카드
• 활동지 : 의사 전달 연습
• 활동지 : 오늘은 뭘 배웠나요? (여덟 번째 시간)

도입

① 게임 〈일곱 가지 말만 해요〉 게임을 한다.

ㄱ. 아동들이 한 줄로 서면 아동들에게 문장이 적힌 카드(〈활동지 : 일곱 가지 말만 해요〉)를 2장씩 나누어준다.

ㄴ. 맨 앞에 있는 아동이 앞으로 나와 뒤에 있는 아동에게 나누어준 문장을 읽도록 한다.

ㄷ. 대답하는 아동은 다음의 일곱 가지 말(칠판에 적어 놓는다) 중에 한 가지 적절한 답을 선택해서 대답할 수 있다.

(미안해요 / 괜찮아요 / 좋아요 / 잘했어요 / 훌륭해요/ 고마워요 / 사랑해요)

ㄹ. 일곱 가지 말 이외의 말을 하거나 부적절한 답을 하는 아동은 벌점을 받는다.

ㅁ. 게임이 끝나고 난 뒤 벌점을 받은 아동들이 모두 나와서 벌칙으로 장기자랑을 하도록 한다.

② 숙제 내용을 꼼꼼히 확인한다. 성실하게 잘 작성해 온 학생들을 칭찬하고 스티커를 부여한다.

내용

1. 비폭력적 대화의 필요성 인식하기

① 구체적인 사례를 들어 생각해보는 시간을 갖는다. 다음의 사례를 읽어준다.

"자, 이 상황은 어떤 상황인지 한번 잘 들어봅시다."

경훈이는 아이들과 이야기를 하고 있었다. 그런데 교실 뒤편에서 몇몇 아이들이 모여서 게임을 하다가 '우와~' 하면서 함성을 지르는 것이다. 시끄러워서 대화를 할 수가 없어서 경훈이는 짜증이 나기 시작했다.

② 다음의 두 가지 사례는 잘못된 의사 전달의 예이다. 각 상황에서 어떤 일이 생길지를 구체적으로 생각해보도록 한다.

경훈이는 너무 짜증이 나고 화가 나서 아이들에게 욕을 퍼붓고 '입 다물어!'라고 소리치고 싶다.

질문 : 만약 경훈이가 자기 기분에 따라 아이들에게 욕을 퍼붓거나 소리를 친다면 어떤 일이 생겼을까?

질문 : 과연 소리치는 행동이 그 아이들의 행동을 그만두게 할 수 있었을까?

경훈이는 그냥 참기로 하고 대화를 중단했다.

질문 : 만약 경훈이가 참고만 있다면 어떨까?

"그렇다면 어떻게 해야 할까요? 내가 지금 어떤 상황인지를 전달하고 내가 무엇을 원하는지 차분하게 이야기해야겠지요. 중요한 것은 어떻게 하면 상대방의 기분을 상하지 않게 하면서 내가 바라는 것을 효과적으로 전달할 수 있는지일 거예요."

③ 상대방을 자극하지 않고 자신의 바람이나 욕구를 전달하는 것이 중요하다는 점을 설명한다. 그러기 위해서는 '너는~'으로 시작하는 말보다는 '나는~'이라고 시작하는 말로 자신의 생각을 전달하는 것이 좋은 방법임을 주지시킨다.

"바로 상대방이 어떤 일을 하고 있는지, 그 일로 인해 내 기분은 어떤지 자신감 있게 상대방에게 구체적으로 차분한 어조로 전달하는 것이 중요해요. 차분한 어조로 그 상황에서 내가 바라는 것이 무엇인지 전달하면 상대방도 내가 어떤 기분인지를 알아챌 수 있고 상대방의 기분을 상하게 하지 않고 내 의견을 전달할 수 있겠지요."

④ 예를 들어 설명해준다.

" '너는 왜 이렇게 시끄럽냐! 떠들지 좀 마!'보다는 어떻게 말하는 게 더 좋을까요? '나는 네가 조금만 조용히 했으면 좋겠어.'는 어때요? 하지만 이런 말은 아예 말을 하지 말라는 건지, 말을 어느 정도 조용히 하면 된다는 건지 등 여러분이 어떤 것을 구체적으로 요구하는지 알 수가 없을 거예요. '내가 친구들과 이야기할 수 있게 조금만 목소리를 줄여줬으면 좋겠어.'라든지 '너무 소리가 크니까 깜짝 놀랐어. 조금 작게 이야기해줄 수 있겠니?'라고 구체적으로 말하는 것은 더 좋은 방법이 될 거예요. 그래야 부탁받는 친구도 친구가 원하는 게 뭔지, 자기가 어떻게 행동해야 할지 알겠지요."

2. 대화법 훈련하기

① 효과적으로 자신의 생각을 전달하는 구체적인 방법을 연습하기 위해 〈활동지 : 의사 전달 태도〉를 제시하여 설명한다.

마음을 차분하게 한다 ⇨ 상대방의 눈을 쳐다본다 ⇨ 또박또박 천천히 그리고 부드러운 어조로 말한다.

관찰 : 나는 네가 (   )할 때, ~ 하는 것을 볼 때, ~ 하는 것을 들을 때

느낌 : (   )을 느낀다.

욕구/필요 : 나는 (   )이 필요한데 (중요한데/ ~를 원하는데)

부탁 : (   )게 해주겠니?

---

② 하나의 예를 들어 연습을 해보도록 한다.

③ 아동들에게 각자 〈활동지 : 나 전달법 연습지〉를 나누어주고 적절한 전달법을 구별하도록 연습시킨다.

④ 비폭력적인 대화법을 완전히 익혔다고 생각이 들면 모둠을 구성하도록 해서 각 팀에게 사례가 적힌 〈활동지 : 역할연기 카드〉를 나누어주고 적절한 대사를 작성하여 역할극을 구성하도록 한다. 상황을 제시하며 다음과 같이 말한다.

"이 상황들은 여러분이 자신의 생각이나 기분을 명확하게 전달해야 하는 상황이 될 수 있어요. 두 사람씩 짝을 지어서 이 상황에서 어떻게 내 의사를 전달할지 문구를 만들어보고 역할을 나누어서 발표를 해보겠습니다."

⑤ 역할연기가 끝나면 아래의 질문을 사용하여 주장적으로 표현하는 역할을 맡은 아이의 행동이 제대로 이루어졌는지 다른 집단의 아이들이 평가해보도록 한다. 공격적이거나 지나치게 수동적인 반응을 보이고 있다면 이를 적절히 수정해준다. 또한 역할을 해본 느낌은 어떠했는지 양편의 이야기를 다 들어보도록 한다.

- "연기하는 아이의 목소리가 어떻게 들렸나요?"
- "연기하는 아이가 상대방의 눈을 보고 말했나요?"
- "상대방에게 전달하는 표현 방법이 효과적이었나요?"

⑥ 적절하게 자신의 의사를 전달한 경우 칭찬을 해주며 스티커를 부여한다.

3. 비폭력적 대화법을 실제 사례에 적용하기

① 〈활동지 : 의사 전달 연습〉을 나누어주고 각 경우에 대처할 수 있는 문구들을 작성해보도록 한다. 다양한 상황에 맞는 다양한 문구들을 생각해볼 수 있도록 한다.

② 각자 돌아가면서 하나씩 발표하도록 하고, 잘 발표한 아동에게는 스티커를 부여한다.

정리 및 평가

① 프로그램 내용을 정리한 후, 이 시간을 통해 느낀 점에 대하여 한 사람씩 소감을 듣는다.

② 다음 시간에 대해서 설명하면서 마친다.

숙제

일주일간 겪었던 나만의 갈등 상황을 〈활동지 : 오늘은 뭘 배웠나요? (여덟 번째 시간)〉에 한 가지씩 적고, 그 상황에서 어떻게 의사를 전달했고 그 방법이 잘못되었다면 어떻게 전달하는 것이 합리적인 방법인지를 적어 오도록 한다.

일곱 가지 말만 해요

어제 새로 옷 샀는데, 이 옷 어때?

네 공책에 내가 실수로 우유를 쏟았는데 어쩌지?

내가 한 말 때문에 기분 나빴니?

나 이번 시험에서 점수가 20점이나 올랐어.

어제 약속에 왜 안 나왔니?

네가 가장 듣고 싶은 말이 뭐니?

방금 빵을 사 왔는데 같이 먹을래?

오늘 집에 같이 갈래?

만약 부모님이 앞에 있다면 뭐라고 말하고 싶니?

네가 어제 메신저로 보낸 내 쪽지를 씹어서 너무 속상했어~

일곱 가지 말만 해요 (계속)

나에게 무슨 말을 해주고 싶니?

내 별명 부르는 거 싫은데 그만해줄래?

아까 아이들이 너를 둘러싸고 뭐라고 하는 것 같던데 괜찮니?

이 프로그램에 참여하는 시간 어떠니?

생일 축하한다~

힘들면 내가 도와줄까?

자, 여기 어제 네가 놓고 간 물건이야~

왜 내가 한 말을 무시하니?

오늘 오후에 같이 농구하자~

오늘 내가 한 발표 어땠어?

일곱 가지 말만 해요 (계속)

나랑 수행평가 같은 팀 할래?

내가 노트 필기 한 것 보여줄게~

너 참 멋지다~

왜 자꾸 나를 괴롭히는 거니?

나에 대해서 안 좋은 이야기를 해서 상처 받았어.

나도 게임에 껴도 괜찮을까?

잘한 걸까, 왠지 자신이 없어.

네 운동화 정말 좋아 보인다~

공부하느라 힘들지?

너 자신의 능력이 어떻다고 생각해?

의사 전달 태도

상대방의 눈을 쳐다본다.

내가 요구하는 것이 무엇인지 전달한다.

난 네가 … 할 때(상황)
… 한 기분이 들어(느낌)
난 … 이 필요하는데(욕구)
… 게 해주겠니?(부탁)

화내지 말고 차분하게.

마음을 차분하게 한다.

포박포박 천천히 부드럽게 전달한다.

내가 요구하는 것이 무엇인지 전달한다.

나 전달법 연습지

이름 :

예시문을 읽고 '나 전달법'과 '너 전달법'을 구분해보세요.

상황 1 : 쉬는 시간에 친구가 책상을 밀치고 간다.

(　　　　) 야, 너 왜 그래, 짜증나게… 다 망쳤잖아.

(　　　　) 네가 책상을 밀쳐서 내가 그리고 있던 그림이 망가졌어. 그림 잘 그리고 싶었는데 너무 속상하다.

상황 2 : 엄마가 TV를 보고 있는 나에게 버럭 화를 내신다.

(　　　　) 엄마가 갑자기 소리를 지르시니까 너무 놀랐어. 그리고 내가 숙제 다 하고 시간 정해서 보고 쉬고 싶었는데 그렇게 화를 내니까 난 너무 싫어.

(　　　　) 놀랐잖아. 항상 보는 것도 아닌데, 엄만 항상 나만 보고 뭐라 그래.

상황 3 : 친구가 자꾸 학원을 빠지고 놀러가자고 한다.

(　　　　) 나도 학원 가는 게 힘들긴 하지만 그래도 학원 빼먹고 엄마에게 거짓말을 하는 게 내키지 않아. 학원에 가는 게 난 더 좋을 것 같아.

(　　　　) 너는 왜 자꾸 나한테까지 학원을 빠지라고 그러냐?

역할연기 카드

상황 : 학교로 가는 스쿨버스 안에서 아이들이 자리에 앉아 있다.

아동 2 (아동 3에게 쑥덕거리며 이야기를 한다) 쟤가 아이들한테 너 흉보고 다닌대~
아동 1 (관심을 보이며) 무슨 이야기 하니?
아동 3 (모르는 척하며) 너 내 흉보고 다녔다며? 진짜 재수없다!

아동 1

상황 : 학교로 가는 스쿨버스 안에서 아이들이 자리에 앉아 있다. 몸이 너무 안 좋아 자리에 앉고 싶은데 책가방만 놓여 있는 자리가 하나 있다.

아동 1 혹시 거기 자리 있니?
아동 2 자리는 없는데 여기 나 혼자 앉을 거야.
아동 3 넌 저기 가서 서서 가.

아동 1

상황 : 체육시간에 깜박 잊고 줄넘기를 교실에서 안 가지고 나왔다. 마침 친구 한 명이 교실에 다녀온다고 한다.

아동 1 가는 김에 내 줄넘기 좀 갖다 줄래?
아동 2 그래, 가는 김에 주전자도 좀 부탁해.
아동 3 (못 들었는지 대답을 안 한다)

아동 1

의사 전달 연습

1. 친구들이 뛰어다니다가 나와 부딪쳤다.

2. 내 지우개를 친구가 말도 하지 않고 가져가서 쓴다.

3. 수업시간에 옆에서 친구들이 크게 이야기하고 있다.

4. 친구가 지나가다가 내 책상 위에 있는 필통을 떨어뜨렸다.

5. 급식 먹으려고 줄을 서 있는데 옆 친구가 계속 민다.

6. 준비물을 가져오지 않아서 옆에 있는 친구에게 빌리고 싶다.

의사 전달 연습 (계속)

7. 청소시간에 나는 빨리 청소를 마치고 학원을 가야 하는데 친구는 놀고 있다.

8. 친구에게 다가가 모르는 문제를 물어보려는데 나를 쳐다보지도 않고 무시한다. 싸이월드 일촌도 바꾸고 커플미니미도 다 깼다.

9. 체육시간에 나는 공을 잘 놓친다. 내가 공을 놓칠 때마다 한 친구가 '병신같은 놈'이라며 소리를 지른다.

10. 한 친구가 다른 아이들에게 내가 다른 아이의 돈을 훔쳤다면서 거짓말을 하고 다닌다.

11. 미술시간에 협동화를 그리는데 짝꿍이 내가 그린 부분을 마음대로 지워버렸다.

오늘은 뭘 배웠나요?

이번 시간에는 친구들과 대화를 나누는 방법에 대해서 배웠습니다. 일주일간 겪었던 나만의 갈등 상황을 한 가지씩 적고 그 상황에서 어떻게 자신의 의사를 전달했는지 적은 뒤그 방법이 효과적이었는지 평가하고 만약 효과적이지 않았다면 어떻게 전달하는 것이 합리적인 방법이었을지 생각하여 적어 오세요.

번호	날짜	어떤 상황에서	누구에게	어떻게 표현했는지	좋은 점 혹은 결과	보완할 점
1						
2						
3						

다음 시간에 자신이 경험한 것을 발표해봅시다.
과제를 적어 오고 발표를 하면 스티커를 2배로 줍니다. 파이팅~!!

귀를 기울이면

목표

- 친구 관계를 유지하는 데 필요한 의사소통 기술을 익히도록 한다.
- 대화의 경청 기법을 익힌다.
- 대화 중 민감한 주제를 피하는 방법을 익힌다.

준비물

- 활동지 : 어기역차
- 활동지 : 어기역차 상황극 대본
- 활동지 : 민감한 주제 피하기
- 활동지 : 오늘은 뭘 배웠나요? (아홉 번째 시간)

도입

① 간단하게 〈빈 의자 채우기〉 게임을 한다.

ㄱ. 원을 만들고 지난 시간 내용을 간단히 정리하고, 숙제를 간단하게 발표한다.

ㄴ. 추가로 의자 하나를 더 넣는다.

ㄷ. 빈 의자 옆에 앉은 두 사람이 손을 잡고 빈 의자에 앉힐 한 사람을 데리고 온다.

ㄹ. 다시 빈 의자가 생기면 그 의자 옆의 두 사람이 다시 그곳에 앉힐 사람을 데리고 온다.

ㅁ. 음악에 맞추어 진행을 하다가 음악이 끝나면 게임을 종료한다.

② 서로 돌아가며 숙제를 발표하면서 지난 시간을 복습한다.

"지난 시간에는 친구에게 처음 말을 거는 방법을 배워봤지요. 지난 시간 숙제를 해 왔나요? 누가 먼저 발표해볼까요?"

142 학교 폭력 치유 프로그램

③ 이번 프로그램의 내용에 대하여 소개한다.

"지난 시간에 친구에게 내 의사를 전달하는 올바른 방법에 대해서 배웠어요. 자, 친구에게 나의 이야기를 정확하게 전달했다면 이제는 친구의 이야기를 경청하는 것이 중요해요. 내 이야기만 하고 상대방의 이야기는 듣지 않는다면 그것은 대화가 아니라 강요이고 명령이에요."

내용

1. 경청의 필요성 인식하기

① 옆에 앉은 두 사람끼리 짝을 맺고 말하는 사람과 듣는 사람을 정한다. 짝을 맺은 두 사람은 자신의 경험 중 기분이 상했던 일에 대하여 이야기를 해본다. 최근에 부모님이나 선생님으로부터 꾸중을 들었던 일이나 친구 사이에서 있었던 안 좋은 일에 대하여 이야기하는 것도 좋다.

② 들어 주는 사람은 우선 이야기를 잘 안 들어 주기 역할을 해본다.

"자, 이번에는 상대방이 무슨 이야기를 하든지 무시하고 이야기할 때는 딴 행동을 한다든지 하면서 상대방의 이야기를 듣지 않는 것처럼 행동해볼 거예요."

③ 대화 시 느꼈던 점에 대하여 발표해보도록 한다.

"자신이 이야기를 하는데 상대방이 듣지 않을 때 어떤 기분이 들었나요?"

④ 이번에는 적극적으로 잘 들어 주기를 한 뒤 느꼈던 점을 발표해보도록 한다.

"자, 이번에는 상대방이 무슨 이야기를 하는지 잘 듣고 공감해주고 귀담아 들어 주도록 노력해보세요.", "자신의 이야기를 상대방이 경청해줄 때 어떤 기분이 들었나요?" (아동들의 대답을 듣는다)"

⑤ 잘 들어 줄 때와 안 들어 줄 때의 차이에 대해서 하나하나 짚어보도록 한다. 다음의 질문을 활용할 수 있다.

- 어떻게 할 때 상대방이 내 이야기를 귀 기울여 듣는다는 느낌을 가질 수 있을까?
- 어떻게 할 때 상대방이 내 이야기를 귀담아 듣지 않는다는 기분을 느끼게 될까?

⑥ 서로 역할을 바꾸어봄으로서 각 경우를 모두 체험해볼 수 있도록 한다.

2. 경청 기법 배우기

① 친구의 이야기를 듣는 기본자세에 대하여 설명한다.

"친구의 이야기를 들어 주는 것이 얼마나 중요한지 잘 느껴보았나요? 잘 들어 주기 위해서는 어떤 마음가짐이 필요한지 되새겨보면서 경청의 기본자세를 알아보겠어요. 상대방의 이야기를 잘 들어 주기 위해서 지켜야 할 것들을 선생님이 정리해둔 것이 있어요. 〈어기역차〉 방법에 대해서 한번 알아볼까요?"

어 : 어떤 이야기인지 잘 들어 줍니다.

　1단계 : 네가 그렇게 말하는 것을 들어보니, 뭔가 그럴 만한 이유가 있는 것 같다.

　2단계 : 좀 더 네 생각을 이야기해주겠니? (친구의 말을 좀 더 들어 줍니다.)

기 : 기분을 이해해줍니다.

　3단계 : 그래서 네가 그렇게 기분이 안 좋았구나.

역 : 역지사지(공감)해봅니다.

　4단계 : 네 입장에서 생각해보니 그럴 수도 있을 것 같아.

　　　　　(친구의 입장에서 생각하고 이해해봅니다.)

차 : 차이가 있음을 인정합니다.

　5단계 : 그래도 만약 내가 네 상황이라면 좀 다르게 해볼 것 같아. 이렇게…

　　　　　(친구와 다른 나의 생각 전달하기)

　6단계 : 나는 ~~라고 생각하거든. 그런데 네 말이 맞을 수도 있다고 생각해.

　　　　　(생각의 차이 인정하기)

---

② 〈활동지 : 어기역차〉의 내용을 다시 한 번 확인한다.

"여러분이 잘 배웠는지 한번 확인해볼까요? 자, '어'는 무엇이었죠? '기'는 무엇이었죠? '역'은 무엇이었죠? '차'는 무엇이었죠? 다 함께 외워볼까요? 만약 친구에게 다가가서 나의 관심사만 이야기하면 될까요? 대화를 할 때에는 내 이야기만 늘어놓기보다는 상대방의 이야기를 주의 깊게 듣는 것이 중요합니다."

③ 역할극으로 배운 어기역차의 방법을 가지고 연습해보도록 한다. 〈활동지 : 어기역차 상황극 대본〉을 나누어준 뒤 두 사람씩 짝을 지어 한 사람은 학교 폭력의 가해자 입장에서, 한 사람은 피해자의 입장에서 대화를 이끌어 가게 한다.

④ 대화를 하면서 앞에서 습득한 기술을 잘 사용하고 있는지 나중에 피드백을 해준다.

⑤ 상대방이 배운 기술을 잘 활용한 경우 어떤 점을 느꼈는지, 기분은 어떠했는지, 상대방의 기분은 어떠했는지 아동들의 대답을 들어보도록 한다.

3. 민감한 주제 피하기

① 친구 사이에 피해야 할 대화 주제에 대해서 알아보도록 한다. 민감한 주제는 상대방의 약점이나 단점을 건드려서 상대방의 기분을 상하게 하거나 당황스럽게 할 수 있는 주제들이다.

"이야기를 잘 들어 주는 것이 생각보다 쉽지 않지요? 자, 친구의 이야기를 할 때 친구의 마음을 이해했다는 것을 전달해주는 것이 가장 어려울 것 같아요. 여기에는 여러분이 친구들과 대화할 때 할 수 있는 말들이 적혀 있어요. 카드의 내용을 잘 살펴보면 친구의 약점이나 단점을 건드려서 상대방의 기분을 상하게 할 수 있는 주제들이 있어요. 이제 게임을 통해서 이 주제가 민감한 주제인지 아닌지를 구분해보도록 하겠어요."

② 민감한 주제와 민감하지 않은 적당한 주제들을 구분하는 연습을 게임을 통해 진행해보도록 한다. 교실을 반으로 나누어 왼쪽은 ○공간으로, 오른쪽은 ×공간으로 만들어둔다. 〈활동지 : 민감한 주제 피하기〉의 문구를 읽어주면 그 상황이 민감하지 않아서 대화 주제로 삼을 수 있는 경우에는 ○쪽으로, 민감해서 대화 주제로 삼아서는 안 되는 경우에는 ×쪽으로 이동하도록 한다.

"자, 이런 이야기는 하면 안 돼요! 하는 것은 ×쪽으로, 이런 이야기는 괜찮아요! 하는 것은 ○쪽으로 이동하는 거예요. 틀린 사람들은 탈락하게 되고 마지막까지 남는 사람에게 스티커를 주겠어요."

③ 모두 다 탈락하는 경우 '패자부활전'을 해서 다시 참여할 수 있도록 한다.

4. 역할극으로 적용해보기

① 역할극으로 배운 기술을 연습해보도록 한다. 두 사람씩 짝을 지어 대화를 이끌어 가게 한다. 대화를 하면서 앞에서 습득한 기술을 잘 사용하고 있는지 나중에 피드백을 해준다.

② 상대방이 배운 기술을 잘 활용한 경우 어떤 점을 느꼈는지, 기분은 어떠했는지, 상대방의 기분은 어떠했는지를 들어보도록 한다.

정리 및 평가

① 친구나 엄마, 아빠, 동생, 형 등과 한 가지 주제를 정해 대화를 나누어보고 어떤 식으로 진행이 되었는지를 간단히 기록하여 다음 시간에 발표를 해보도록 한다.

② 이번 회기를 평가한 뒤 정리한다.

숙제

〈활동지 : 오늘은 뭘 배웠나요? (아홉 번째 시간)〉를 나누어주고 일주일간 친구들이나 가족들과 대화하면서 어떤 자세로 이야기를 들었으며 상대방의 반응은 어떠했는지 결과를 적어보도록 한다. 만약 효과적이지 않았다면 어떻게 전달하는 것이 합리적인 방법이었을지 생각하여 적어 오도록 한다.

어기역차

어 : 어떤 이야기인지 잘 들어 줍니다.

    1단계 : 네가 그렇게 말하는 것을 들어보니, 뭔가 그럴 만한 이유가 있는 것 같다.

    2단계 : 좀 더 네 생각을 이야기해주겠니? (친구의 말을 좀 더 들어 줍니다.)

기 : 기분을 이해해줍니다.

    3단계 : 그래서 네가 그렇게 기분이 안 좋았구나.

역 : 역지사지(공감)해봅니다.

    4단계 : 네 입장에서 생각해보니 그럴 수도 있을 것 같아.
           (친구의 입장에서 생각하고 이해해봅니다.)

차 : 차이가 있음을 인정합니다.

    5단계 : 그래도 만약 내가 네 상황이라면 좀 다르게 해볼 것 같아. 이렇게…
           (친구와 다른 나의 생각 전달하기)

    6단계 : 나는 ~~라고 생각하거든. 그런데 네 말이 맞을 수도 있다고 생각해.
           (생각의 차이 인정하기)

어기역차 상황극 대본

<상황>

A는 B와 친하게 지냈다. 그런데 새로 C가 전학 온 이후로 C와 놀면서 자연스럽게 A가 B에게서 멀어졌다. 정말 기분이 나빴지만 무슨 이유 때문인지 알 수가 없다. B는 A에게 다가가서 대화를 해보기로 했다.

A : ○○야, 잠깐 말 좀 할 수 있니?

B : 무슨 일인데?

A :

B (어) :

A :

B (기) :

A :

B (역) :

A :

B (차) :

민감한 주제 피하기

친구가 끼고 있는 안경이 멋져 보인다는 생각이 들 때	O
친구가 끼고 있는 안경이 도수가 높고 두꺼워 보일 때	X
친구가 다가와서 '날씨 되게 좋다~'라고 말을 걸어올 때	O
수학 과목 때문에 특수 과외를 받고 있는지 궁금할 때	X
선생님이 동생이 몇 살이냐고 물어볼 때	O
반 친구 중 한 명이 왜 저렇게 뚱뚱할까 궁금할 때	X
반 친구 중 한 명이 체육시간에 농구를 잘할 수 있는 이유가 궁금할 때	O
반 친구 중 한 명이 글을 잘 읽지 못하는 이유가 궁금할 때	X
동생이 있는지 없는지 궁금할 때	O
친구의 할아버지가 돌아가셨다는 소식을 들었을 때	X
선생님의 배가 볼록 나와 있어서 선생님이 임신한 게 아닐까 궁금할 때	X
반 친구의 얼굴에 있는 흉터는 왜 생겼을까 궁금할 때	X

아홉 번째 시간

오늘은 뭘 배웠나요?

이번 시간에는 친구들과 대화를 나누는 방법에 대해서 배웠습니다. 일주일간 겪었던 나만의 갈등 상황을 한 가지씩 적고 그 상황에서 어떻게 자신의 의사를 전달했는지 적고 그 방법이 효과적이었는지 평가하고 만약 효과적이지 않았다면 어떻게 전달하는 것이 합리적인 방법이었을지 생각하여 적어 오도록 합니다.

번호	날짜	상황	실제 나의 반응	결과	보다 바람직한 방법
1					
2					
3					

다음 시간에 자신이 경험한 것을 발표해 봅시다.
과제를 적어 오고 발표를 하면 스티커를 2배로 줍니다. 파이팅~!!

10회기

평화적인 문제 해결

목표

- 평화적인 문제 해결 방법에 대하여 이해한다.
- 다양한 갈등 상황의 예를 활용하여 바람직한 문제 해결 방법들을 적용해본다.

준비물

- 활동지 : 대처 유형 소개
- 활동지 : 묵찌빠 게임
- 활동지 : 사례 연습
- 활동지 : 오늘은 뭘 배웠나요? (열 번째 시간)
- 가위, 부직포, 벨크로테이프

도입

① 〈춤추는 세탁기〉 게임을 진행한다.

ㄱ. 구성원들이 동그랗게 서서 양손을 잡아 원을 만든다.

ㄴ. 먼저 얼굴이나 옷차림을 통해 오른쪽과 왼쪽에 어떤 친구가 서 있는지 확인한다.

ㄷ. 이제부터 구성원들이 춤추는 기능을 가진 세탁기 속의 빨래가 되는데, 지도자가 '시작!' 이라고 외치며 신나는 음악을 틀면, 구성원들은 손을 놓고 마음껏 빙글빙글 춤을 추며 돈 다. 춤을 추며 돌다가 지도자가 '그만' 하고 외치면, 그 자리에 멈춰 선 후 처음에 자신의 양쪽에 서 있던 친구를 찾아서 손을 잡는다.

ㄹ. 손을 놓지 말고 잡은 손 위를 넘어가거나 잡은 손 아래로 고개를 숙이고 지나가면서 본래 의 원을 만든다.

〈주의〉

● 구성원들이 춤을 출 때 너무 흩어지지 않도록 신경 쓴다.

● 다시 친구를 찾아서 손을 잡을 때 잡은 손의 방향이 바뀌거나 놓치지 않도록 주의시킨다.

● 구성원의 숫자가 적은 경우 쉽게 잘 풀리기 때문에 프로그램의 의미를 제대로 경험하지 못할 수 있다. 그럴 경우 모두 둥글게 손을 잡은 상태에서 한 사람을 선두로 손 위아래로 넘나들면서 헝클어진 실타래처럼 복잡하게 얽는다. 지도자가 '그만'이라고 외치면 다시 원래의 모양대로 풀어 나가는 형식으로 진행해도 좋다.

● 게임이 끝난 후 손을 잡고 있을 때와 원래 원으로 만들기 위해 애쓸 때의 느낌이 어땠는지 소감을 간단히 나누어도 좋다.

② 지난 시간에 내주었던 숙제를 확인하고 간단하게 발표하도록 하는데, 내용을 잘 정리해 온 아동에게는 스티커를 붙여주도록 한다.

③ 3명이 한 모둠이 되도록 구성한다.

내용

1. 여러 가지 대처법에 대한 이해

① 〈활동지 : 대처 유형 소개〉를 모둠별로 나누어준 뒤 각 대처 방법에 대하여 간략하게 설명한다.

"자, 우리가 친구관계에서 보이는 행동은 가지각색이지만 이런 행동들은 크게 세 가지로 나눌 수 있어요. 첫째는 '나 우선 대처', 둘째는 '나 없는 대처', 마지막으로 '함께하는 대처'가 있어요. '나 우선 대처'란 친구의 입장은 생각하지 않고 나만 생각하는 대처 방법이에요. '나 없는 대처'란 친구들의 반응이 무서워서 혹은 다른 이유 때문에 나의 입장이나 감정은 생각하지 않는 대처 방법이에요. 그렇다면 '함께하는 대처'란 무엇일까요? 네~ 함께하는 대처는 나의 감정과 입장도 생각할 뿐 아니라 친구의 감정과 입장도 생각하는 대처법이라고 할 수 있겠지요."

② 〈활동지 : 대처 유형 소개〉의 빈칸에 적절한 대처 행동 명칭이 무엇인지 적어보도록 한다. 모든 대처 행동 명칭을 다 맞힌 모둠에게는 스티커를 부여한다.

③ 정답을 발표하면서 모둠별로 다르게 생각한 내용에 대해서는 이유를 묻거나 다른 사람의 의견을 듣기도 한다.

④ 모둠별로 각 대처 행동에 대한 장점과 단점에 대하여 의논하여 활동지에 적어보도록 한 후, 모둠 대표가 나와 모둠에서 수렴된 의견을 발표하도록 하고 적절한 대답을 한 경우 스티커를 부여한다. 다음과 같은 내용이 나올 수 있다.

나 없는 대처법

장점 : 당장 싸움을 피할 수 있다.

　　　친구가 하자는 대로 하면 친구에게 거절당하거나 따돌림당하지 않는다.

단점 : 겁쟁이로 보여 이용당한다.

　　　내 의견은 없고 남의 뜻대로만 사는 의존적인 사람이 된다.

나 우선 대처법

장점 : 내 마음대로 할 수 있다.

　　　당장은 마음이 후련하다.

단점 : 다른 친구들이 나에 대해 좋지 않은 인상을 갖고 나를 피할 수 있다.

　　　상대방을 화나게 하여 더 큰 싸움으로 번져 관계가 더 악화된다.

　　　상대에게 상처를 입힐 수 있다.

함께하는 대처법

장점 : 기분 좋게 그리고 평화롭게 문제를 해결할 수 있다.

---

⑤ 각 대처법에 대하여 이해한 뒤에는 게임을 통해 각 대처 유형을 묵찌빠 게임을 통해 완벽히 익히도록 한다. 제시된 사례 이외의 각 모둠에서 벌어졌던 이전의 경우를 사례로 활용하면서 충분히 게임을 진행하도록 한다. 이해하지 못한 아동이 있을 경우 보조 치료자가 개인적으로 지도를 해주어야 전체적인 게임의 흐름을 유지할 수 있다. 게임은 묵찌빠 게임을 변형시켜 진행한다.

묵, 찌, 빠! 묵, 찌, 빠!~ 묵, 찌, 빠! 묵, 찌, 빠! ~ '묵'은 '나 우선!'

묵, 찌, 빠! 묵, 찌, 빠!~ 묵, 찌, 빠! 묵, 찌, 빠! ~ '찌'는 '나 없는!'

묵, 찌, 빠! 묵, 찌, 빠!~ 묵, 찌, 빠! 묵, 찌, 빠! ~ '빠'는 '다 함께!'

묵, 찌, 빠! 묵, 찌, 빠!~ 묵, 찌, 빠! 묵, 찌, 빠! ~

'나 우선'에 해당되면 '묵'을 내도록 하고 '나 없는'은 '찌'를, '다 함께'는 '빠'를 내야 한다. 위 노래를 부르면서 충분히 사전 연습을 진행한다.

⑥ 각 경우에 익숙해진 뒤 〈활동지 : 묵찌빠 게임〉에 적힌 사례를 주 진행자가 큰 소리로 또 박또박 예문을 하나씩 읽어주면 '묵', '찌', '빠' 중 어디에 해당되는 상황인지를 선택하여 내 도록 한다. 〈활동지 : 묵찌빠 게임〉을 크게 출력하여 칠판에 부직포와 함께 붙여두고 사용하 면 좋다. 대처 행동 명칭카드 뒷면에 벨크로테이프를 붙여 사용하면 부직포에 붙일 수 있고 재사용이 가능하다. 맞힌 학생 중에서 그렇게 생각한 이유를 적절히 잘 발표한 학생에게 스 티커를 부여한다.

2. 역할연기를 통해 적용하기

① 이전 내용의 재정리와 함께 앞으로 시행하게 될 역할연기에 대한 소개를 한다.

"잘했어요, 함께 살펴봤듯이 '함께하는 대처'를 사용할 경우 서로에게 이득이 되는 가장 좋은 결과를 얻을 수 있다는 것을 잘 알게 되었을 거예요. 무엇을 결정하기 힘든 상황에 서는 항상 어떤 대처를 하는 것이 나와 서로에게 이득이 될지를 먼저 생각해보고 올바른 대처를 하면 문제를 현명하게 해결할 수 있겠지요. 자, 이제는 여러 가지 상황을 모둠별 로 짝을 지어서 역할연기를 해보도록 하겠어요. 역할연기를 보면서 다른 친구들은 그 상 황에서 각 친구들이 어떤 마음이 들지, 어떤 결과가 나타날 수 있을지를 한번 생각해보도 록 하겠어요."

② 모둠별로 〈활동지 : 사례 연습〉의 각 갈등 상황에 대한 역할연기를 해보는 시간을 갖는 다. 각 모둠별로 '나 우선 대처', '나 없는 대처', '함께하는 대처' 내용에 맞도록 역할연기를 실시하도록 배정한다. 가위바위보를 통해 이긴 모둠 순서대로 먼저 각 모둠에서 원하는 대처 법을 선택하도록 한다.

③ 나누어준 종이에 적힌 생각에 따라 주인공이 어떻게 행동하게 될지 생각하여 그 이후의 이야기들을 구성하여 역할연기를 구성하도록 한다.

④ 한 모둠이 발표할 때 나머지 모둠들은 역할연기 내용 속의 주인공이 한 대처가 어떤 대처 에 해당하는 상황인지 맞혀보도록 하고, 맞혔을 때 스티커를 부여한다. 또한 역할연기를 맡 은 각 사람들이 그 상황에서 어떤 마음이 들었을지, 기분은 어땠을지 발표해보도록 한다.

- '나'는 이후에 기분이 어떻게 될까?
- '수빈이'의 기분은 어땠을까?
- 결과가 어떻게 될까?

정리 및 평가

① 프로그램 내용을 정리한다.

"오늘 배운 내용을 정리해볼까요? 오늘은 '함께하는 대처'에 대해서 배웠습니다. 여기서 가장 중요한 점은 나 하나만 생각하고 다른 사람을 존중하지 않는 것이나 나를 존중하지 않고 남만 생각하는 것이 모두 바람직하지 않다는 점을 배웠다는 것입니다. 어느 상황에서나 나와 다른 사람의 입장을 모두 고려하여 모두의 기분을 상하지 않고 모두에게 이득이 되는 '함께하는 대처'를 하는 여러분이 되었으면 해요. 앞으로는 우리 그룹에서도 이 원칙을 꼭 지켜야 하고 학교에서나 가정에서도 꼭 지키는 여러분이 되었으면 해요."

② 이 시간에 느낀 점에 대하여 1~2명의 발표를 듣고 정리하며 마친다.

숙제

〈활동지 : 오늘은 뭘 배웠나요? (열 번째 시간)〉을 나누어주고 일주일 동안 각자 생활하면서 친구와 갈등 상황이 있었는지, 또한 어떤 방식으로 문제를 해결했는지를 사례 연습지에 기록하도록 한다.

대처 유형 소개 I

> 친구가 자꾸 내가 앉은 의자를 툭툭 건드리며 '야~ 이 바보새끼야'라며 놀린다.

대처 행동	• 화가 나지만 반응하지 않고 속으로 삭힌다. • 친구가 밉지만 표현하지 않는다. • 친구의 행동이 바뀌기 바라지만 아무 조치도 하지 않는다. • 아예 그 상황을 피해 다른 곳으로 간다(화장실, 운동장).
대처 유형	나 없는 대처　　（　　　　　　） 나 우선 대처　　（　　　　　　） 함께하는 대처　　（　　　　　　）
장점	
단점	

대처 유형 소개 Ⅱ

친구가 자꾸 내가 앉은 의자를 툭툭 건드리며 '야~ 이 바보새끼야'라며 놀린다.

대처 행동	<ul><li>씩씩대며 신경질을 낸다.</li><li>참다가 갑자기 화를 낸다.</li><li>책상을 손으로 내리치며 소리를 지른다.</li><li>힘을 과시하며 심하게 욕을 해준다.</li><li>친구에게 폭력 행사를 하여 꼼짝 못하게 한다.</li></ul>
대처 유형	나 없는 대처　　（　　　　　） 나 우선 대처　　（　　　　　） 함께하는 대처　（　　　　　）
장점	
단점	

대처 유형 소개 Ⅲ

친구가 자꾸 내가 앉은 의자를 툭툭 건드리며 '야~ 이 바보새끼야'라며 놀린다.

대처 행동	<ul><li>상대의 기분이 상하지 않도록 화를 참은 뒤 그렇게 하지 말라고 분명히 말한다.</li><li>친구들이 왜 그러는지 이유를 알아내 나에게 문제점이 있다면 고친다.</li></ul>
대처 유형	나 없는 대처 　　(　　　　　　) 나 우선 대처 　　(　　　　　　) 함께하는 대처 　(　　　　　　)
장점	
단점	

묵찌빠 게임

어제 게임하느라 공부도 못했는데… 안 되겠다. 마침 옆에 앉은 애가 수학을 잘하니까 그 애에게 답안지를 보여달라고 하자.	
다른 친구들이 나도 따돌릴까 봐 왕따인 철민이가 안 되어 보이기는 하지만 도와줄 순 없어…	
어떻게 이렇게 오랫동안 줄을 서지? 귀찮은데 그냥 몰래 새치기를 하자.	
친구들과 게임을 하는데 영철이가 넘어지는 바람에 우리 팀이 졌다. 다음부터는 영철이를 놀이에 끼워주지 않겠다고 했다.	
수업시간이 도통 재미없고 지루하다. 옆 친구를 보니 심심해 보인다. 같이 놀자며 장난을 걸었다.	
친구가 만화책을 보는데 재미있어 보였지만 친구가 빨리 책을 넘기지 않아 답답해서 친구에게 내가 먼저 보겠다고 말해버린다.	

묵찌빠 게임 (계속)

수업시간에 한 친구가 잘난 척하며 내가 틀린 것을 지적한다.
내 기분을 상하게 했으니 그 녀석도 한 대 때려주어야겠다….

우리 반 짱인 친구가 나를 자꾸 놀리고 비웃는다. 아이들이
자꾸 놀리는 것을 보니 정말 내가 이상한 아이인 것 같다.

영빈이는 축구도 못하면서 항상 끼워달라고 해서 짜증난다.
영빈이 몰래 축구를 해야겠다고 생각한다.

한 친구가 나를 자꾸 놀리거나 툭툭 친다. 기분이 나빴지만
그 아이가 내게 기분 나쁜 일이 있어서 그런 것은 아닌가 하여
친구에게 기분이 나쁜 일이 있는지 물어보았다.
또, 친구 행동 때문에 나도 기분이 상한다고
이야기를 해서 내 기분에 대해 알려주었다.

친구가 발표를 하는데 말을 더듬는 것을 보고 웃겨,
수업이 끝나고 친구가 발표했던 것을 따라 해서
아이들을 웃겨주었다.
난 개그맨 기질이 있는 것 같다.

묵찌빠 게임 (계속) ✂ ········ 오려 놓은 뒤 해당하는 란에 붙이세요.

나 없는	나 우선	함께하는
나 없는	나 우선	함께하는
나 없는	나 우선	함께하는
나 없는	나 우선	함께하는
나 없는	나 우선	함께하는
나 없는	나 우선	함께하는
나 없는	나 우선	함께하는

사례 연습

〈상황〉

얼마 전 우리 반에 수빈이가 전학을 왔다. 선생님의 말씀에 따르면 수빈이는 전에 다니던 학교에서 공부를 잘했다고 한다. 지난 시험 때 성적이 크게 떨어져서 고민인 나는 은근히 수빈이가 신경이 쓰인다. 그런데 사흘 후부터 중간고사 기간이다. 이 소식을 접한 수빈이는 매우 당황하며 걱정스러운 표정을 짓는다. 수빈이와 짝이 된 나(희연)! 수빈이에게 노트를 빌려줘야 할까? 지난번 성적이 떨어졌다고 엄마가 무척 화를 내시며 다른 데는 신경 쓰지도 말고, '네 공부나 잘해'라고 하셔서 친구들과도 방과 후에 놀지도 못하고 학원-집을 반복하며 힘겨운 시간을 보내고 있는데… 어떻게 할까?

역할연기 대본

선생님 : 자, 새로 전학온 친구예요. 이름은 전수빈이에요. 다들 사이 좋게 지내길 바라요. 자, 수빈이는 희연이랑 짝을 하도록 해요.

수빈 : 안녕~ 난 전수빈이라고 해. 우리 사이 좋게 지내자.

나 : 안녕~ 반가워. … 참, 내일모레부터 중간고사 기간인 거 아니?

수빈 : 정말? 어머, 나는 이 시험 범위까지 배운 적이 없는데… 어쩌지… 혹시 수업시간에 필기한 것 좀 빌려줄 수 있니?

나 :

가위로 오려 놓은 뒤 각 모둠에게 한 장씩 나누어준다.

'지금 나는 누구에게도 신경을 쓸 수 있는 상황이 아냐,
내 공부만 열심히 하자.'

'내 공책을 빌려줬다가 수빈이가 나보다 더 성적이 좋게
나오면 어떻게 하지? 하지만 내가 노트를 빌려주지 않으면
짝이 되어 가지고 공책도 안 빌려주는 치사한 애라고
다른 아이들이 수군거릴지 몰라. 그럼 나만 곤란해지잖아…'

'수빈이가 전학을 오자마자 시험을 보게 됐으니 얼마나
걱정이 될까? 나도 성적이 떨어져서 고민이긴 하지만
수빈이도 무척 곤란할 거야.'

오늘은 뭘 배웠나요?

이번 시간에는 지혜로운 문제 해결 방법으로 함께하는 대처 방법에 대해서 배웠습니다. 일주일 동안 각자 생활하면서 친구와의 갈등 상황이 있었는지, 또한 어떤 방식으로 문제를 해결했는지를 사례 연습지에 기록하도록 합니다.

친구 혹은 주변 사람과의 갈등 상황을 적어보세요.	
나는 어떻게 행동했나?	
이 행동은 어떠한 대처였나?	나 없는 대처 ( ) 나 우선 대처 ( ) 함께하는 대처 ( )
나는 어떤 기분이 들었나?	
상대방의 기분은 어땠을까?	
어떤 결과가 나타났는가?	

거절하기와 수용하기

목표

- 다양한 문제 상황에서 효율적으로 대처하는 방법을 익힌다.
- 친구의 부당한 요구를 거절하는 방법을 배운다.
- 내 요구가 거절될 때 '거절'을 받아들이는 기술을 습득한다.

준비물

- 활동지 : 부당한 요구 거절하기 연습
- 활동지 : 거절에 대처하기 I, II
- 활동지 : 승자와 패자
- 활동지 : 결과 받아들이기
- 활동지 : 오늘은 뭘 배웠나요? (열한 번째 시간)

도입

① 〈눈 마주치기 게임〉을 한다.

ㄱ. 원으로 둘러앉고 술래를 정한다. 원에 앉아 있는 사람들은 술래와 눈이 마주치면 안 된다.

ㄴ. 술래는 '빈방 있나요'라고 물어본다. 원에 앉아 있는 사람이 '없는데요'라고 하면 다음 사람에게 빈방이 있는지 물어보게 된다. 그 사이에 다른 사람들은 눈이 마주치면 자리를 옮긴다.

ㄷ. 자리를 옮기는 동안 빈자리를 술래가 차지하게 되면 자리에 앉지 못한 사람이 술래가 된다.

ㄹ. 만약 '빈방 있나요'라는 질문에 '있는데요'라고 하면 옆에 앉은 사람이 빨리 자리를 바꿔주어야 한다.

ㅁ. 술래는 한 번 '방 빼'를 외칠 수 있다. 그러면 모든 사람이 자리에서 일어나 자리를 바꾸어야 한다.

② 숙제를 서로 돌아가며 발표하면서 지난 시간을 복습한다.

③ 이번 시간에 대하여 소개한다.

"친구들에게 부당한 요구를 받은 적이 있나요? 친구를 놀리거나 때리는 일에 함께 가담하기를 요구받거나 나쁜 행동을 같이 하기를 요구받은 적이 있나요? 자신의 경험을 이야기해볼 사람 있나요?"

내용

1. 부당한 요구 거절하기(또래의 압력에 반응하기)

① 친구들의 부탁이나 요구를 거절하기 힘든 이유를 말해보도록 한다.

"그런 부당한 요구를 받을 때 여러분은 어떻게 대처했었나요? '싫어'라고 쉽게 거절할 수 있었나요? (아동들의 대답을 듣는다) 힘들었다면 왜 그랬나요? 잘못되었거나 부당하다는 것을 알면서도 거절할 줄 모르는 사람들은 왜 그럴까요? (아동들의 대답을 듣는다) 상대방에게 상처를 주는 것이 싫어서 '아니요'라고 말할 수 없는 경우 혹은 상대방이 화를 낼까 아니면 아이들로부터 따돌림을 당하거나 보복을 당할까 두려워서 '아니요'라고 말을 하지 못하게 되는 경우도 있어요."

② 자신의 경험에 대해서 이야기해보도록 한다.

"친구들이 여러분에게 나쁘거나 어려운 일을 해달라고 하면 싫다고 말하기 어려웠던 경험이 있나요?"

③ 부당한 요구를 거절하는 것이 왜 중요한지 생각해보도록 한다.

"부당한 요구에 대해 거절을 하지 못하는 경우 어떤 결과가 생길까요? 상대방의 요구에 따라 움직이게 되기 때문에 상대방에게 이용당하기 쉽겠지요. 그리고 다른 사람의 부당한 요구에 응하고 나서 나중에 후회를 하게 되고요. 다른 사람이 무엇을 요구하든 따르는 습관은 마치 감옥처럼 상대방의 요구 안에 자신을 가두는 것과 다름없게 돼요. 이건 지난 시간에 배웠던 대처 중에 어디에 해당할까요? (아동들의 대답을 듣는다) 네, 맞아요. 나 없는 대처에 해당해요."

④ 자신의 입장을 분명하게 밝히는 연습을 한다.

"자, 누가 보아도 부당하고 옳지 못한 일을 하도록 강요하는 경우에는 지금 당장은 상황을 모면할 수 있을지 몰라도 나중에 더 큰 어려움이 생길 수 있습니다. 또한 상대방을 괴롭히는 잘못된 행동에 동조하고 그 행동을 그만두게 하지 못하고 동조하는 것은 나뿐만 아니라 상대방 친구를 위해서도 좋지 못한 행동입니다."

⑤ 거절할 때는 용기가 필요하다는 것을 알려주어야 한다.

"불합리한 요구를 거절할 때 필요한 것이 무엇일까요? (아동들의 대답을 듣는다) 네, 옳고 그름에 대한 판단 그리고 힘과 용기가 필요합니다. 여러분들은 그런 힘과 용기를 가지고 있나요? (아동들의 대답을 듣는다) 여러분 마음 안에는 여러분이 깨닫지 못해서 사용하지 못하는 힘과 용기가 있어요."

⑥ 불합리한 요구를 거절하기 위해서 다음의 문구를 이용해보도록 한다. 함께 큰소리로 읽어보도록 한다.

"이제 자신의 힘과 용기를 믿고 다음과 같이 내 의사를 분명히 전달해보도록 해요. 선생님이 여러분이 거절하는 방법을 간단히 가르쳐주겠어요. 한번 연습해볼까요?"

'미안해. 그렇게 못할 것 같아. 나는 ~하기를 원하지 않아. 왜냐하면… '
'미안해. 그렇게 못할 것 같아. 나는 네가 ~하지 않았으면 좋겠어. 왜냐하면…'
'미안해. 그렇게 못할 것 같아. 나는 ~하고 싶지 않아. 왜냐하면…'

⑦ 〈활동지 : 부당한 요구 거절하기 연습〉을 모둠별로 한 가지씩 나누어주고 적당한 문구를 만들도록 한 뒤 2명씩 짝을 지어 역할놀이를 하게 한다. 역할놀이를 할 때 자신감 있고 부드럽게 의사를 전달하도록 한다.

⑧ 역할연기를 한 뒤 소감을 나누어보도록 한다.

"여러분들 모두 너무 잘해주었어요. 참 멋져요. 여러분은 기분이 어떤가요? 내 의사를 분명하게 전달하고 나니 더 힘이 나는 것 같지 않나요? 여러분이 분명하게 자신의 생각과 의견을 전달하면 나 자신도 나의 힘을 느낄 수 있지만 상대방도 여러분을 함부로 할 수 없다는 것을 느끼게 됩니다. 자신감을 가지세요."

2. 거절을 수용하기

① 자신의 요구를 들어주지 않는 상황에서 어떤 기분이 들었는지 물어본다.

"그 외에 우리가 처한 상황 중에 또 다른 어려운 상황에는 어떤 것이 있을까요? 내 뜻대로 되지 않고 상대방이 내 요구를 들어주지 않아서 화가 났던 경험이 있었던 사람이 있나요?"

② 화가 나고 억울한 기분이 드는 것에 대하여 공감해주면서 그런 기분이 들었을 때 어떻게 행동 및 대처를 하였는지 물어본다.

"내 부탁이나 요구를 거절당하거나 제지당하면 누구라도 기분이 상할 수 있지요. 서운하고 화가 나고 답답한 기분 등 여러 부정적인 기분이 들 수 있어요. 여러분은 그 외에 또 어떤 생각이 들었나요?"

③ 화를 낼 경우 그 이후의 결과로 어떤 일이 일어날지 생각해보도록 한다.

"상대방이 거절을 하거나 내 요구를 거절할 때, 내 감정만 생각해서 버럭 화를 내면서 대들 수도 있고 내가 하고 싶은 대로 우길 수도 있어요. 하지만, 내가 원하는 대로 결과가 나오지 않았다고 해서 혹은 내 요구를 들어주지 않았다고 해서 그 상황을 받아들이지 않고 버럭 화를 내거나 우긴다면 화를 내는 나 역시 기분이 상할 뿐 아니라 상대방 역시 기분이 상해 서로 다투게 될 수 있겠죠. 그렇다면 이런 상황에서 내가 현명하게 대처할 수 있는 방법으로는 어떤 것이 있을까요?"

④ 부모님이나 친구들이 내가 원하는 대로 해주지 않았을 때나 내 요구를 거질하는 경우 상황을 여유롭게 받아들일 수 있도록 사고를 바꾸어보도록 한다.

"상대방이 '안 돼'라고 말할 때 그러한 결과를 있는 그대로 받아들이는 것은 참 어려워요. 하지만 상황이 여의치 않거나 다른 사람들에게 불편을 끼칠 수 있기 때문에 내 요구가 거절당하기도 하고 무시되는 경우도 생길 수 있겠죠. 그런 상대방의 입장과 상황을 인정하고 여유롭게 받아들이면 상대방의 기분도 그러하지만 내 기분도 더 나빠지지 않고 편안해질 수 있어요."

⑤ '안 돼'라는 거절이나 제지를 받아들이는 상황에서 어떻게 상황을 받아들일 수 있는지 생각해보도록 하고 그 상황에서 스스로에게 해줄 수 있는 말들을 다음의 예를 통해 제시한다.

'그래~ 좋아!'
'그럴 수도 있지.'
'다음 기회가 또 있겠지.'
'그럴 만한 이유가 있을 거야.'

⑥ 〈활동지 : 거절에 대처하기 I, II〉를 제시하고 각 상황에서 어떻게 대처할 수 있을지 생각해보도록 한다.

3. 게임이나 경쟁의 승부를 수용하기

① 게임이나 스포츠를 할 때 질 경우가 있었는지 생각해보도록 한다. 그런 상황에서 속상한 감정이 들어 화를 내거나 기분이 상해서 친구에게 화를 낸 적이 있었는지 생각해보도록 한다.

② 게임이나 경기에서 졌을 때 혹은 경쟁에서 졌을 때 결과를 있는 그대로 받아들이는 것이 왜 필요한지를 강조하며 다음의 장점이 있음을 생각해보도록 한다.

"어떤 경기나 경쟁이든 항상 이긴 사람과 진 사람이 있기 마련이고 이기는 기쁨을 맛볼 수도 있지만 때로는 게임에서 지고 속상해지는 경우도 있기 마련이죠. 게임은 계속할 수 있고 승자와 패자는 언제든지 바뀔 수 있어요. 결과를 있는 그대로 받아들이면 어떤 점이 좋을까요?"

결과를 인정해야 정정당당하다
서로 기분이 상하지 않는다

③ 스포츠에서 페어플레이를 하고 승자와 패자가 악수를 나누는 사진 자료와 승자와 패자가 서로 다투는 〈활동지 : 승자와 패자〉 사진을 보여주고 두 상황이 주는 인상이나 느낌이 어떻게 다른지, 어떤 경우가 더 멋지고 좋아 보이는지 이야기하도록 한 뒤 그 이유를 생각해보도록 한다.

④ 게임에서 졌을 때 결과를 받아들이는 기술을 소개한다. 게임에서 졌을 때 흥분하지 말고 〈활동지 : 결과 받아들이기〉와 같이 행동하도록 한다.

⑤ 게임에서 이겼을 때나 상을 받았을 때도 자신이 한 일을 자랑하거나 내세우지 않고 '정말 재미있었어.', '너 정말 잘한다.'라며 상대방을 배려할 수 있도록 한다.

⑥ 습득한 기술을 토대로 실제 게임과 상황극을 통해 연습한다. 승패를 받아들이는 연습을 하기 위해 두 팀으로 나누어 도미노 게임을 진행한다.

예 : 가족 오락관 동물 이름을 맞추기, 밀어내기 게임, 젠가 게임 등

⑦ 게임에서 이긴 아동들과 진 아동들의 행동을 살피면서 비난하거나 승패에 과도하게 흥분하는 아동들에게 피드백을 해주도록 한다. 상황을 제시한다─자신으로 인해 팀이 지게 된 놀이 상황을 제시한 후 다른 아동들은 패한 아동을 위로, 격려하게 하고, 패한 아동은 이런 상황을 잘 극복해내는 연습을 한다.

〈고려할 점〉 리더나 보조 치료자는 옆에서 비난이나 탓을 하는 역할을 함으로써 아동들끼리 서로를 위할 수 있는 계기를 마련한다.

정리 및 평가

① 오늘 배운 내용들을 정리해본다.

"오늘 여러 가지 많은 내용들을 배웠어요. 어떤 경우든지 상대방의 기분이 어떨지를 한 번 더 생각해본다면 어떤 상황에서든 현명하고 지혜롭게 행동할 수 있다는 것을 알게 되었을 거예요."

② 소감을 듣고 회기를 마친다.

숙제

친구들과 지내면서 오늘 배웠던 내용과 같은 상황이 있었는지 적어보고 그 상황에서 어떻게 대처했었는지 〈활동지 : 오늘은 뭘 배웠나요? (열한 번째 시간)〉에 적어 오도록 한다.

부당한 요구 거절하기 연습

친구가 도시락을 가지고 오지 않았는데 돈도 없다. 그런데 그 친구가 철수의 도시락을 달라고 하며 "나는 아침도 못 먹어 지금 배가 고파."라고 말했다. 친구는 벌써 며칠째 같은 요구를 해 오고 있기 때문에 철수도 며칠째 점심을 먹지 못하고 있어 철수는 도시락을 주기 싫다.

오늘 영수는 처음으로 새 재킷을 입었다. 그 재킷이 멋지다고 생각한 친구가 영수에게 이틀 동안 그 재킷을 빌려달라고 하며 "너의 재킷을 입은 내 모습이 얼마나 멋진지 봐봐."라고 말한다.

친구들 중 한 명이 다른 친구의 자전거를 망가뜨리려고 하면서 "내가 자전거를 망가뜨렸다고 어디에 말하지는 않겠지? 우리 가족들은 내가 그랬다는 것을 알면 나를 죽이려고 할 거야."라고 한다.

우리 반에는 키가 작고 왜소한 체구의 친구가 있다. 경수가 나더러 "오늘 기분도 안 좋은데 저 녀석 한번 손맛 좀 보여줄까?"라고 말한다.

거절에 대처하기 I

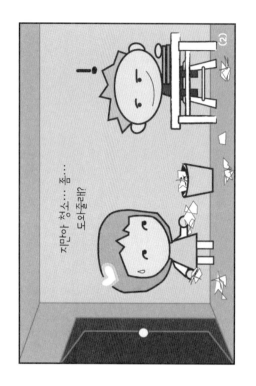

거절에 대처하기 II

승자와 패자

결과 받아들이기

열한 번째 시간

오늘은 뭘 배웠나요?

이제까지 우리는 친구와 문제가 생겼을 때 해결하는 방법에 대해서 배웠습니다. 일주일 동안 학교나 학원, 가정에서 친구들과 어떤 문제가 생겼는지, 그 상황에서 나는 어떻게 해결했는지, 결과는 어땠는지를 적어보세요.

번호	날짜	누구와	어떤 문제로	어떻게 해결했는지	결과
1					
2					
3					

다음 시간에 자신이 경험한 것을 발표해봅시다.
과제를 적어 오고 발표를 하면 스티커를 2배로 줍니다. 파이팅~!!

내가 도와줄게!

목표

- 도움이 필요한 친구들에게 도움을 제공한다.
- 방관자적 상황에서의 대처 방법을 배운다.

준비물

- 활동지 : 미로 찾아가기
- 활동지 : 친구를 돕는 방법
- 활동지 : 고민상담
- 활동지 : 지식인 답변지
- 활동지 : 지식인 스티커
- 활동지 : 내공 딱지
- 활동지 : 오늘은 뭘 배웠나요? (열두 번째 시간)

도입

① 숙제를 서로 돌아가며 발표하면서 지난 시간을 복습한다. 숙제를 발표한 뒤 자신의 경험을 잘 정리해서 발표한 아동에게 스티커를 부여한다.

② 〈길 안내 놀이〉를 한다.

ㄱ. 모둠이 한 팀이 된다. 각 팀에게 모기향처럼 생긴 미로에 정해진 길을 표시해둔 종이를 나누어준다(〈활동지 : 미로 찾아가기〉).

ㄴ. 한 사람은 눈을 감은 채로 상대방의 지시에 따라 그림을 그려 나가게 된다. 다른 사람들은 미로 종이에 정해져 있는 길을 따라 선을 잘 그어 나갈 수 있도록 눈을 감은 아동에게 잘 설명을 해주어야 한다.

③ 게임을 하면서 느낀 점을 말해보도록 한다. 어떤 일이든지 서로서로 돕는 협동정신이 요구된다는 것을 일깨워주도록 한다.

④ 이번 시간에 대하여 소개한다.

"이번 시간에는 또래들과 같이 지내면서 부딪히게 되는 여러 가지 갈등 상황이나 문제 상황에서 어떻게 대처해야 하는지, '좋은 친구'라면 어떻게 대처할지 복습해보도록 하겠어요."

내용

1. 어려움에 처한 친구에게 도움이 되기

① 친구들을 도와주는 것의 장점이 무엇이 있을지 생각해보도록 한다. 아래의 질문들을 통해서 도움을 주고받는 것의 이점에 대해서 자유롭게 이야기할 수 있도록 격려한다.

- 어려움에 처해 있는 친구들을 도와준 적이 있었나요? 친구들을 도와주고 나서 기분이 어땠나요?
- 여러분이 다른 사람에게 도움을 받은 적이 있나요? 어땠나요?
- 도움을 받은 친구는 여러분의 도움을 받아 어떻게 되었나요?
- 다른 친구들은 도움을 주는 모습을 보고 어떤 반응을 보였나요?

- 다른 사람을 돕는 모습을 보고 나의 장점을 발견하고 친구들이 다가올 수 있다.
- 다른 사람을 도와주었다는 뿌듯한 기분을 느낄 수 있다.
- 어려움에 처한 친구에게 큰 도움이 될 수 있다.
- 서로 도움을 주는 화기애애한 분위기를 조성할 수 있다.
- 내가 어려움에 처하게 될 때 다른 사람의 도움을 받을 수 있다.

② 친구들에게 괴롭힘을 당하는 친구를 앞에 두고 이들을 도와줄 수 있는 방법들을 생각해보도록 한다. 전체 아동들을 대상으로 다음의 사례를 제시한 뒤 아이들의 답변을 들어보고 이전에 배웠던 문제 해결 기법을 활용하여 갈등을 해결하는 연습을 같이 해보도록 한다. 토

론하는 분위기 속에서 자유롭게 서로의 의견을 발표하도록 유도한다.

어느 날 길을 가는데 친구 정호가 골목에서 다른 아이들에게 둘러싸여 있었다. 힘이 세 보이는 아이들이 정호를 둘러싸고 놀려대고 있었다. 정호는 반에서 뚱뚱하다는 이유로 계속해서 놀림을 당해 온 아이다. 정호는 울먹거리면서 어찌할 바를 모르고 있었다. 이럴 때 내가 정호의 친구라면 어떻게 정호를 도울 수 있을까?

③ 괴롭힘이나 놀림을 당하는 친구가 있을 때 친구를 돕는 방법에는 여러 가지가 있을 수 있음을 설명한다. 돕는 방법에는 크게 세 가지가 있음을 설명하면서 다음의 문구를 칠판에 적어둔다.

1. 남을 괴롭히는 친구를 돕지 않고, 놀리는 행동에 가담하지 않는다.
2. 남몰래 혼자 도와준다.
3. 다른 친구들과 함께 도와준다.

④ 첫 번째는 남을 괴롭히는 친구를 돕지 않는 것이나 놀리는 행동에 가담하지 않는 것도 중요한 방법임을 설명한다. 다음의 질문을 던진다.

"만약 내가 정호의 친구라면 첫 번째 방법으로 어떤 일을 할 수 있었을까요?"

⑤ 아동들의 대답을 듣고 내용을 요약하여 다음의 내용을 설명한다. 아동들에게 〈활동지 : 친구를 돕는 방법〉의 빈칸에 다음의 내용을 받아적도록 한다.

친구를 놀리거나 괴롭히는 일에 참여하지 않는다.
친구가 놀림을 당할 때 곁에서 웃지 않는 것도 배려하는 행동이다.
친구에 대한 나쁜 소문을 들었을 때 다른 친구에게 퍼뜨리지 않는다.

⑥ 두 번째 방법으로 어려운 상황에 있는 친구를 혼자 남몰래 도와줄 수 있는 방법을 알려준다. 구체적인 방법에 대한 의견을 들은 뒤 내용을 종합한다. 아동들에게 〈활동지 : 친구를 돕는 방법〉의 빈칸에 다음의 내용을 받아적어 두도록 한다.

친절한 말과 태도로 '정말 힘들지', '속상하지'라며 위로해준다.

선생님이나 그 친구의 부모님께 'ㅇㅇ가 힘들어해요' 하고 도움을 요청한다.

괴롭히는 친구에게 '네가 너무 심한 것 같아'라고 부드럽게 이야기한다.

"이보다 더 용기 있는 방법이 있어요. 어떤 방법이 있을까요?"

⑦ 마지막 방법으로 어려운 상황에 있는 친구를 다른 친구들과 함께 도와줄 수 있음을 알려준다. 구체적인 방법에 대한 의견을 들은 뒤 내용을 종합한다. 아동들에게 〈활동지 : 친구를 돕는 방법〉의 빈칸에 다음의 내용을 받아적어 두도록 한다.

친구들 두세 명이 함께 'ㅇㅇ! 그만해라~! 너무 힘들겠다'라고 부드럽게 이야기한다.

놀이를 할 때 그 친구를 친구들 사이에 끼워준다.

"가장 용기 있는 방법은 어떤 것이 있을까요?"

2. 내공 쌓기

① '지식인 상담' 칸에 올라와 있는 아이들의 고민을 아동들에게 제시한다. 아동들에게 제시된 고민에 대한 해결책을 나누어준 종이에 적어보도록 한다.

② 돌아가면서 적절한 조언과 해결책이라고 생각하는 도움을 발표하도록 한다.

③ 발표한 내용이 도움을 청한 아동에게 도움이 되고 적절한 해결책이었다고 생각하는지를 기준으로 발표한 아동을 제외한 다른 아동들에게 발표내용에 대하여 10점에서 100점 사이의 점수가 적힌 내공 딱지를 부여하도록 한다. 적절한 해결책을 제시할 경우 100점을 제공하고 적절하지 못한 해결책일 경우 최하 10점을 제공한다. 단계별로 점수를 제공할 수 있다.

④ 각 아동들에게 받은 점수를 합계를 낸 뒤 아동에게 단계별로 지식인 레벨을 설정한다.

⑤ 최고의 단계에 오른 아동에게 태양신이라고 적힌 스티커를 부여해준다.

정리 및 평가

① 오늘 배운 내용들을 정리하고 소감을 듣고 다음 시간에 대하여 설명한 뒤 마친다.

숙제

일주일 동안 주변에 또래들로부터 따돌림을 당하거나 또래들과 어울리지 못하여 힘들어하는 친구에게 오늘 회기 동안 배운 방법 중에 어떤 방식으로 도움을 주었는지 적고, 도움을 주고 난 뒤 기분이 어땠는지 그 소감을 〈활동지 : 오늘은 뭘 배웠나요? (열두 번째 시간)〉에 적어보도록 한다.

미로 찾아가기

친구를 돕는 방법

1번. 남을 괴롭히는 친구를 돕지 않고, 놀리는 행동에 가담하지 않는다.

_____

_____

_____

_____

_____

2번. 남몰래 혼자 도와준다.

_____

_____

_____

_____

_____

3번. 다른 친구들과 함께 도와준다.

_____

_____

_____

_____

_____

전 키도 작고 얼굴도 약간 긴 편입니다.

이름도 특이하다고 남자애들은 저를 여전히 싫어하더군요(정햇살이 제 이름입니다).

저는 별명이 참 많습니다. 싸가지, 땅콩, 뱃살, 꼽살, 아침 햇살, 오이, 멜론… 정말 싫었습니다.

그러던 어느 날, 제 짝꿍이 저를 욕하길래 제가 자로 3대 정도 때렸습니다. 그랬더니 선생님께서 제 짝꿍 보고 앞으로 나가라고 하더군요. 그랬더니 제 짝꿍이 저를 노려보고 하교 도중에 남자애들 5, 6명을 데리고 와서는 저를 놀리기 시작했습니다.

"얘, 머리 진짜 길지 않냐?" 제가 반응을 보이지 않자 남자애들이 저를 치고 가더군요.

진짜 무서워요… 저 왕따 되는 거 아니에요?

선영이랑 저는 5학년 때 같은 반이었어요.

근데 6학년 되어서도 또 같은 반이 되었지요.

저는 5학년 때는 수줍음이 많고 내성적인 아이여서 친구들이 별로 없는 왕따였어요.

하지만 큰맘을 먹고 6학년 올라와서는 성격을 바꾸려고 노력했지요.

활발해지고 친구들과도 잘 어울려 지내려고 노력했어요.

근데 선영이가 어느 날 와서는 '너 5학년 때랑 완전히 다르다?'라며 비꼬는 것 같았어요.

그러고는 제가 친하게 지내는 친구에게 저에 대한 안 좋은 이야기를 하고 제가 5학년 때 왕따였다는 사실도 말하는 거예요.

선영이는 아이들 사이에서 인기가 많고 선영이의 친구 중에는 저를 왕따시킨 아이들도 있어서 너무 무서워요.

어쩌죠? 이렇게 당하고만 있을 수는 없고…

도와주세요.

우리 반에는 글씨를 잘 못 읽는 친구가 있습니다. 그 아이는 마음씨도 착하고 성격도 활발한데 글씨를 잘 못 읽어서 수업시간에 노트에 필기를 하지 못합니다. 글도 읽지 못해서 국어시간에 일어나서 책을 읽지도 못합니다. 오늘은 음악시간이었는데 악보의 가사를 읽지 못해서 멍하니 앉아만 있는 것입니다. 급기야 아이들이 '너 벙어리냐?'라며 놀리고 친구는 그만 눈물이 그렁그렁해졌습니다. 오늘 체육시간에는 짝을 지어 배구 연습을 했는데 아이들이 '글씨 못 읽는 애랑은 하기 싫어! 저리 가!'라며 그 친구를 따돌렸습니다. 그 친구가 안쓰럽기는 하지만 다른 아이들이 다 따돌리는 상황에서 저 혼자 그 친구에게 다가가면 다른 아이들이 '너 혼자 튀냐'라며 뭐라고 할 것 같습니다. 어떻게 해야 할까요?

지식인 답변

지식인 스티커

평민

고수

영웅

지존

초인

별신

태양신

내공 딱지

100	100	100	100	100	100	100	100	100	100
90	90	90	90	90	90	90	90	90	90
80	80	80	80	80	80	80	80	80	80
70	70	70	70	70	70	70	70	70	70
60	60	60	60	60	60	60	60	60	60
50	50	50	50	50	50	50	50	50	50
40	40	40	40	40	40	40	40	40	40
30	30	30	30	30	30	30	30	30	30
20	20	20	20	20	20	20	20	20	20
10	10	10	10	10	10	10	10	10	10

열두 번째 시간

오늘은 뭘 배웠나요?

이번 시간에는 어려움에 처해 있는 친구를 돕는 방법에 대해서 배웠습니다. 일주일 동안 주변에 또래들로부터 따돌림을 당하거나 또래들과 어울리지 못하여 힘들어하는 친구에게 어떤 방식으로 도움을 주었는지 적고, 도움을 주고 난 뒤 기분이 어땠는지 소감을 적어보도록 하세요.

번호	날짜	어떤 친구였나요?	나는 어떻게 행동했나요?	결과는 어땠나요?	기분은 어땠나요?
1					
2					
3					

다음 시간에 자신이 경험한 것을 발표해봅시다.
과제를 적어 오고 발표를 하면 스티커를 2배로 줍니다. 파이팅~!!

이제 달라졌어요!

목표

- 프로그램을 통해 배운 내용을 활용하여 포스터를 만들어본다.
- 프로그램을 통해 자신의 변화된 점을 인식한다.
- 훈련에 참가함으로써 달라진 점과 서로에 대한 피드백을 나눈다.
- 과자 파티 및 선물 수여식을 진행한다.

준비물

- 활동지 : 수료증
- 활동지 : 학교 지킴이 자격증
- 4절지, 간단한 필기구 및 크레파스 등
- 간단한 다과와 선물

도입

① 지난 시간을 정리하고 숙제를 발표하면서 지난 시간을 복습한다.

② 이번 회기를 소개한다.

"이제 마지막 시간입니다. 어때요? 마지막이니까 좋아요? 많이 아쉽고 더 하고 싶지요? 지금까지 우리는 여러 가지 많은 것을 배웠어요. 처음 여러분과 만났을 때에 비해 여러분 표정도 많이 밝아지고 부드러워졌다고 생각되는데 여러분은 어떤가요?"

1. 학교 폭력 캠페인 포스터 만들기

① 프로그램을 통해 습득한 지식을 바탕으로 학교 폭력 예방 및 재발 방지를 위한 캠페인 포

스터를 만들어본다.

② 캠페인 포스터나 슬로건은 획일적인 것보다는 다양한 재료를 이용하여 만들어보도록
한다.

③ 모둠별로 만든 작품들을 자유롭게 발표하도록 한 뒤 작품을 만들면서 느꼈던 점을 발표
하도록 한다.

2. 변화된 점을 나누고 칭찬하기

① 〈칭찬 의자 앉기〉 게임을 진행한다. 원을 만든 후 가운데에 칭찬 의자를 두게 되는데 이
의자에는 그룹원이 돌아가면서 앉으며, 다른 그룹원은 칭찬 의자에 앉은 사람을 칭찬한다.

② 다른 친구의 장점과 회기 동안 잘했던 점도 발견하고 적어본다. 자신이 발견한 친구의 긍
정적인 면이나 친구로부터 받은 좋은 느낌(칭찬, 관심 표현, 격려)을 과장하거나 거짓이 아닌
솔직한 감정으로 짧고 명료하게 전달하도록 한다.

③ 칭찬의 말과 함께 준비했던 사탕이나 꽃을 선물로 함께 전달한다. 이 프로그램에 참가하
면서 달라진 점을 발표해본다. 훈련에 참가한 기간 동안 자신에게 달라진 점, 자신이 달라짐
으로 인해 학교, 가정에서 달라진 점 등에 대해서 발표하는 시간을 갖는다. 작은 변화라도 이
야기할 수 있도록 지지한다.

④ 모든 그룹원이 칭찬하기가 끝나면 자신이 가지고 있던 꽃이나 선물 중에 자신이 원래 가
지고 있던 것만 남기고 나머지는 다른 친구를 칭찬하면서 다른 친구에게 전달할 수 있다.

⑤ 첫 회기에 보관해두었던 타임캡슐을 열어본다.

"자, 여러분들이 적어두었던 목표예요. 다들 자신의 목표를 이루었나요? (아동들의 대답
을 듣는다) 목표를 이룬 친구들도 있겠지만 목표를 이루지 못한 친구들도 있을 거예요.
이 목표는 앞으로 계속 여러분들이 달성해야 할 목표가 될 거예요. 여러분들이 이 프로그
램이 끝나고 나서도 계속 마음속에 새겨두고 노력해 나가길 바라요."

⑥ 타임캡슐을 열어본 뒤 현재 자신의 모습을 돌아보면서 자신의 목표를 얼마나 이루었는지
스스로 평가해보도록 한다. 각자 개인별로 돌아가면서 타임캡슐에 적어두었던 목표를 발표
하고 목표를 어느 정도 이루었는지 스스로 평가하여 발표하고 소감을 말해보도록 한다.

3. 시상식 및 수료증 수여

① 총 스티커 수를 종합한 뒤 각자 목표한 스티커 수에 도달한 아동에게 시상을 한다.

② 진행자가 각 학생의 특성에 맞게 상을 개발해 참여 인원 모두에게 상(〈활동지 : 수료증〉)과 부상을 준비해두어 함께 시상한다. 이를테면 수료증을 '분위기 메이커상, 업그레이드상, 다정상' 등의 제목으로 대체하여 상장을 나누어줄 수 있다.

③ 이와 함께 모든 학생에게 〈활동지 : 학교 지킴이 자격증〉을 수여한다.

정리 및 평가

① 간식거리와 음료수를 간단히 준비하고 과자 파티를 하면서 자연스럽게 12주간의 프로그램을 성실하게 마친 것을 축하해주고 사진을 찍으며 친목의 시간을 갖는다.

② 음식을 먹으면서 집단 아동들 모두 서로에 대한 피드백과 칭찬을 적기 위해 '롤링 페이퍼'를 돌린다. 각 아동의 이름이 적혀 있는 편지지를 미리 준비하여 아동들에게 나누어주고 돌아가면서 각 아동들의 편지지에 서로 하고 싶은 말을 적도록 한다.

수료증

이름 _____

위 어린이는 20　년　월　일부터 20　년　월　일

까지 실시하는 학교 폭력 예방 및 치료 프로그램에 열심히 참

여하고 우수한 성적으로 마무리하였기에 수료증을 수여합니

다. 앞으로 잘 활용하여 가정에서나 학교에서 모범적인 학생

이 되길 바랍니다.

20　년　　　　월　　　　일

학교 지킴이 자격증

명심해요

1. 학교 폭력 상황을 보면 즉시 어른들게 알리고 도움을 청합니다.

2. 약한 사람을 돌보고 돕습니다.

3. 나 자신이 먼저 폭력을 사용하지 않습니다.

4. 우리 학교를 평화롭고 안전한 곳으로 만들기 위하여 실천합니다.

자랑스러운 학교 지킴이 자격증

자격증 번호 :

합격 년월일 :

이름 :

생년월일 :

주소 :

위 사람을 자랑스러운
학교 지킴이로 임명합니다.

학교 폭력 예방 및 치료 프로그램   인